本书为作者在浙江大学攻读博士学位期间学术成果

尼采与自然主义

王婕玲　著

ZHEJIANG UNIVERSITY PRESS
浙江大学出版社

目　录

第一章 绪 论

第一节 选题意义

从 20 世纪 70 年代起,关于尼采的意识形态解读已经被抛弃,关于他的后现代主义争论也在逐渐消退,尼采研究学界总体上变得更加严肃和冷静。学者们不再试图成为任何意义上的尼采主义者,而是倾向于更加细致和客观地考察尼采的特定作品、尼采思想中的特定方面,或者尼采所提出的特定命题。在相对理性的研究氛围中,欧陆尼采研究学者侧重于从文本出发,考察尼采文本的动态形成过程、他所使用的修辞方法及其哲学含义;英美学者则侧重于从当代哲学问题出发,重新构建尼采关于不同哲学主题的观点及其论证方式。

在本书中,我主要从尼采提出的"自然化人性"的哲学任务出发,讨论尼采思想中的自然主义倾向,其中又必然涉及尼采哲学与同时代自然科学之间的关系,尤其是它们之间的延续性问题。但是在展开研究之前,我们不得不承认,即使在对客观性的普遍追求中,研究者们各不相同的研究背景和研究视角,仍然潜移默化地影响着我们的研究方向和研究结论,甚至在某种程度上是我们选择特定研究方向和推进特定研究结论不可或缺的条件。以"自然化人性"的哲学工作为例,尼采曾在一条笔记中表示:"当我思考我的哲学系谱学……我把自己与机械论运动(所有道德和美学问题都被追溯到生理学问题,所有生理学问题都被追溯到化学问题,所有化学问题都被追溯到机械论问题)联系在一起。"①如果从先验哲学立场出发,尼采通过生理学和心理学来分析人类精神文化现象的工作,必然面临着心理主义,甚至科学还原主义的指控,它要么接受批评,要么被排除在哲学论证之外。而从批判哲学的立场出发,尼采在其他文本中对形而上学、科学中形而上学残留的批评,同时否定了任何自然主义人性诠释的可能性。只有站在自然主义的立场上,我们才会肯定尼采一方面对于人类生理学和心理学保持着最为浓厚的兴趣,并且赋予生理学和心理学思考关键性的哲学地位,另一方面又对未来可能的科学研究成果保持着最为开放的态度。正如在《善恶的彼岸》中,他要求"心理学重新被当作所有科学知识的皇后",从此以后"重新成为解决根本问题的途径"。② 而在《瞧,这个人》中,尼采表示"一位最优秀的心理学家在我的作品中说话,这或许是一位好读者应该首先从中发现的事实"③,以及"一种真正燃烧着的渴望掌控了我:从此以后我所追求的无非就是生理学、医

① 参见科利(Giorgio Coui)和蒙提那里(Mazzino Montinari)编辑的十五卷本考订研究版《尼采全集》(Sämtliche Werke, Kristische Studienausgabe in 15 Bänden, hrsg. Giorgio Colli und Mazzino Montinari, München: Walter de Gruyter, 1988,以下缩写为 KSA),第 11 卷,26[432]。
② 参见《论道德的谱系》,赵千帆译,尼采著作全集(第 5 卷),商务印书馆,2020 年,第一章,第 23 节。在本书中,我所引用的尼采作品和遗稿主要参考孙周兴主编的《尼采著作全集》,但是在具体翻译内容上我按照中译本所依据的考订研究版《尼采全集》(KSA)做了一些调整。此外,为了方便不同版本之间的对照,我在引用尼采作品和遗稿时采用学界更普遍的章节标注方式来代替页码标注。
③ 参见《瞧,这个人》,孙周兴、李超杰、余明峰译,尼采著作全集(第 6 卷),商务印书馆,2015 年,"我为什么能写出如此好书",第 5 节。

学、自然科学"①。

对尼采的自然主义诠释，首先在最一般的意义上能够使我们更充分、更全面地理解和诠释他的哲学思想。尽管尼采批评传统先验论形式的形而上学、认识论、伦理学，但是他并没有因此完全落入后现代主义、认识论怀疑主义、价值虚无主义的桎梏，而是把关于世界和人性的积极思考奠基于其独特的哲学自然主义之上。

其次，绝大部分尼采研究者，无论他们来自欧陆哲学传统还是英美哲学传统，都承认尼采在一定程度上肯定自然科学方法及其研究成果；与此同时，他们也倾向于否定对尼采思想的科学自然主义诠释，因此主张尼采思想与自然科学之间并不存在任何本体论或者方法论上的延续性。但是这种看起来中庸的立场，只是排除了两种极端的对自然科学的态度，并没有解决尼采究竟在多大程度上肯定自然科学方法及其结论的问题，它还反映了哲学研究者们教条化自然科学和自然主义的心理倾向。

而在本书中，我将论证尼采自然化人性的哲学任务与同时代自然科学之间确实存在着本体论的延续性，他所提出的作为人类与世界本质的权力意志理论，主要奠基于同时期动态物理学理论和权力斗争生理学理论之上，因此他完全可以被称作一位本体论自然主义者。其次，我将论证尼采思想中的认识论感觉主义、经验主义、实证主义立场。尽管他也提出认识论视角主义，但是这个视角主义理论一方面依据于人类意识及其认识能力对于有机体而言的功能性这一进化生理学原则，另一方面也并不试图取消经验主义或者实证主义的有效性。相反，尼采主

---

① 参见《瞧，这个人》，"人性的，太人性的"，第3节。

张通过补充人类认识的视角性和功能性,来为认识论经验主义和实证主义提供自然化的辩护。此外,尼采在 19 世纪自然主义背景下对人类意识和意识现象的生理学分析,也为我们在物理主义和物理因果闭环理论的背景下思考身心问题、具身性认知、具身性伦理学提供了思路。

最后,还有一个更深层次的原因推动着我们对尼采的自然主义研究:相比于 19 世纪科学所获得的发展与成就,今天我们处在一个自然科学和社会科学发展更加迅猛、对人类知识和生活的影响也更加深远的时代,这种变化必然引起哲学在研究对象和研究方式上的巨大转变。尼采对科学、自然主义思考方式的开放态度,他对科学与哲学之间联系方式的反思,能够为我们提供重要的思想资源。

第二节 研究背景:后现代主义与自然主义

尼采是后现代主义运动的先驱,这一点已经成为大部分后现代主义倡导者、后现代主义批判者的共识。以法国后现代主义者利奥塔(Jean-François Lyotard)为例,他在《后现代状态:关于知识的报告》(1924)中将后现代主义描述为"对于元叙事的怀疑""由合法性要求本身所引发的去合法化"。① 其中元叙事对于自身的怀疑和去合法化,正是尼采试图向我们揭示的、作为现代困境的"虚无主义"的一个部分,尼采在笔记中将其定义为"最高

---

① 参见 Jean-Francois Lyotard, *The Postmodern Condition: A Report on Knowledge*, trans. by Geoff Bennington and Brian Massumi, Minneapolis: University of Minnesota Press, 1984, p. xxiv,39。

价值贬低自身的价值"①。我们不难从中看出尼采和利奥塔在思想乃至修辞上的延续性。另一位著名的法国后现代主义者福柯（Michel Foucault）则在《事物的秩序：人文科学考古》（1966）中写道："尼采将自己的未来同时作为承诺和任务交给我们，他标志着当代哲学得以开始思考的起点；毫无疑问他还会在很长一段时间内主导这一发展。"②具体在其哲学思想中，福柯完全继承了尼采的系谱学方法，并且将这一方法应用于对人类知识、监狱、精神疾病等现象的分析中。而系谱学方法意味着这样一个诠释原则，即事物背后并不存在永恒的本质，相反，本质是人们在历史中逐步构建出来的。

尼采所提倡的视角主义理论和系谱学分析方法，他对"事实本身""绝对真理""普遍道德"的批评，以及他对"虚无主义"的诊断，在 20 世纪战后年代的欧洲尤其是法国产生了巨大的影响，我们几乎可以在所有关键的后现代主义思想家身上看到尼采的身影，例如利奥塔、福柯、德勒兹、德里达等等。与这种影响力相对应，研究者们对尼采思想的诠释，也在很长一段时间内强调其中的"后现代性""解构性""批判性"，并且从尼采的作品和笔记中找到许多支持性的证据。例如，尼采认为"认识只是一种伪造"，"把各种各样、不可尽数的事物伪造成相同的、相似的、可计数的事物，生命借助于这种伪造装置才成为可能"；③"真理是某种谬误"，只不过"如果没有这种谬误，特定生命体就无法生

---

① 参见 KSA 12 9[35]。

② 参见 Michel Foucault, *The Order of Things: An Archaeology of the Human Sciences*, trans. by Alan Sheridan, London: Tavistock, 1970, p. 342。

③ 参见 KSA 11 34[252]。

存";①"根本不存在'精神'、理性、思考、意识、灵魂、意志、真理：它们都是些没有用处的虚构","问题在于特定物种只有通过具体的、相对的正确性才能走向繁荣；无论如何，它的感知具有规律性（由此才能积累经验）"；②"根本不存在道德事实"③，相反道德起源于非道德，它们是"保存整体和限制个体""保存平庸和限制激情""保存弱者和限制强者"的一系列原则；④"'美与丑''真与假''善与恶'——这些区分和对立暴露了生存与增强的特定条件，它们不仅是人类的，而且是任何强硬而稳定、与对手区分开来的复合体的条件"。⑤ 他还批评实证主义者对于"事实"的信念，认为"事实恰好并不存在，只有诠释"。⑥ 而在《善恶的彼岸》中，尼采甚至邀请我们对权力意志理论也发起挑战，他首先宣称"这个世界就是权力意志——此外无他"⑦，紧接着又向我们暗示："假设这也只是诠释——并且你也急切地提出这种反驳？——那么再好不过。"⑧

　　另一方面，伴随着后现代主义运动的发展，对于这一运动的反思也越来越集中地显现出来。一种本体论上的反事实主义、认识论上的反真理主义、伦理学上的反道德主义，如何回避彻底的相对主义和虚无主义？这种批判理论是否内在地反对其自身

---

① 参见 KSA 11 34[253]。
② 参见 KSA 13 14[122]。
③ 参见《偶像的黄昏》，孙周兴、李超杰、余明峰译，尼采著作全集（第6卷），商务印书馆，2015年，"人类的'改善者'"，第1节。
④ 参见 KSA 12 7[4]。
⑤ 参见 KSA 12 10[194]。
⑥ 参见 KSA 12 7[60]。
⑦ 参见 KSA 11 38[12]。
⑧ 参见《善恶的彼岸》，第一章，第22节。

的合法性与批判性?

在尼采思想及其诠释中,这个问题进一步表现为批判性和建构性之间的矛盾:尽管尼采在许多文本中批评传统哲学中的事实、真理、道德、主体概念,因为它们预设了非历史性和非视角性的形而上学理想,但是他也从未放弃以积极的方式来探讨和构建他的认识论、本体论、伦理学观点。在许多文本中,他主张世界的本质就是"生成""混沌""权力意志"。在其他文本中,他甚至提出一种实在论,即自然世界是人类诠释的文本与基础,而权力意志理论是我们对于这个世界最忠实的诠释。正如在《论道德的谱系》中,他认为"所有动物……本能地寻求最佳条件来充分地释放自身权力,并且获取最大的权力感觉;所有动物同样本能地厌恶任何阻碍或者可能阻碍其通向最佳条件的干扰与障碍,对此它们拥有'高于任何理性'的敏锐嗅觉"①,他也认为存在着一种真正的"自由精神",它拥有"崇高的认识者品性"和"疯狂的诚实",并且能够在"严格的科学训练之下"肩负起"将人性重新解释为自然"的哲学任务。② 他还提出一种自然化的"艺术、知识、道德",它们作为"提升生命"的"工具"而不是生命的"对立面"存在。③ 此外,尼采构建了一系列可能的人性理想,其中包括自由精神、未来哲学家、查拉图斯特拉、高人、超人、狄奥尼索斯等。

显然,系谱学方法和视角主义理论所指向的批判性,与权力意志理论、超人学说、狄奥尼索斯理想、永恒轮回学说被赋予的构建性,它们之间存在着相互对立、相互矛盾,甚至相互抵消的

---

① 参见《论道德的谱系》,第三章,第 7 节。
② 参见《善恶的彼岸》,第七章,第 230 节。
③ 参见 KSA 12 10[194]。

关系。为了解决这种矛盾,研究者们似乎只能在这两者之间进行选择。因此,他们要么强调批判性,肯定系谱学方法和视角主义理论所具有的优先性;要么强调构建性,主张权力意志本体论、其他构建性理论所具有的优先性。以对于权力意志理论的诠释为例。一部分研究者认为权力意志的本质就在于它的批判性和解构性。例如亚历山大·内哈马斯(Alexander Nehamas)认为,"权力意志依据于这样一个事实,即对于尼采而言,世界上的所有事物都关联在一起,并且内在地由这种关联性所决定",因此,"权力意志并不是一个普通意义上的形而上学或者宇宙论理论。相反,它向我们说明一种关于世界及其构成的普遍理论为什么不可能被提供"。① 与此同时,另一部分研究者例如亚瑟·丹托(Arthur Danto)则认为,"'权力意志'是一个形而上学概念,或者更准确地说,一个本体论概念,因为它是尼采回答'何物存在?'这一问题的答案",尼采计划"用这个构建性的理念来取代迄今为止的所有哲学以及大部分科学。它不仅提供了解释尼采哲学和事物之所是的钥匙,而且与永恒轮回学说、超人学说、热爱命运的学说一起,构成一种肯定"。② 与此类似,约翰·

---

① 参见 Alexander Nehamas, *Nietzsche: Life as Literature*, Cambridge: Harvard University, 1987, pp. 79-80。持有类似观点的还有蒂勒(Leslie Paul Thiele)、斯特朗(Tracy B. Strong)、科夫曼(Sahra Kofman)等,他们倾向于强调尼采思想中的视角主义理论及其所具有的批判性功能。参见 L. Thiele, *Friedrich Nietzsche and the Politics of the Soul: A Study of Heroic Individualism*, Princeton: Princeton University Press, 1990, p. 33; T. Strong, *Friedrich Nietzsche and the Politics of Transfiguration*, Oxford: Basil Blackwell, 1988, p. 220; S. Kofman, *Nietzsche and Metahor*, Stanford: Stanford University Press, 1993, p. 142。

② 参见 A. Danto, *Nietzsche as Philosopher*, New York: Macmillan, 1965, pp. 196-197。

理查德森(John Richardson)也主张"权力形而上学"或者"权力本体论"在尼采思想中具有优先性,而"视角主义理论来自他的形而上学,因此并不适用于、也无法反驳他的权力形而上学"。①

但是在这两种选择之外,我们是否能够找到第三种令人满意的方案?权力意志理论是否能够既代表具有批判性的视角主义理论本身,又是某种具有构建性的特定的视角性诠释,并且是心灵哲学的基本范畴,以及本体论与形而上学?

对于这个问题,自然主义哲学家们为我们提供了一个解题思路。从笛卡尔以来的现代西方哲学家,无论他们属于经验主义者还是理性主义者,几乎全部都主张内部心灵状态相比于外部自然世界在认识论上的优先性和确定性,因此认识论的核心工作之一就在于描述人类主体从内部心灵状态构建出外部自然世界的可能性条件。一直到 20 世纪 60 年代,英美分析哲学家们仍然按照先验哲学的方式来构建经验科学的基础,并且在彼得·斯特劳森(Peter Strawson)的影响下复兴了对于康德及其先验论证的讨论与追捧。② 另一方面,自然主义思潮在同一时期逐渐兴起,自然主义哲学家们既反驳怀疑论者对于外部世界和科学理论的质疑,与此同时也否定传统哲学家为外部世界和科

① 参见 J. Richardson, *Nietzsche's System*, New York: Oxford University Press, 1996, p. 10.
② 在《纯粹理性批判》第二版序言中,康德提到唯心论者对外部世界和科学知识的质疑,他写道:"不得不按照信仰来假定我们之外的事物存在(实际上我们从它们那里为我们的内感官获得了认识的全部材料),而且当有人对它们的存在表示怀疑,我们却不能以令人满意的证据来反驳他,这始终是哲学和普遍人类理性的丑闻。"参见康德:《纯粹理性批判》,李秋零译,中国人民大学出版社,2011年,第 75 页。对此,康德提出一个经典的先验论证,即我们能够经验到一系列具有时间秩序的心灵状态,但是这种经验依赖于我们拥有对外部事物的真实经验并因此拥有对于外部世界的知识。

学理论提供哲学基础的可能性。事实上,他们认为传统基础主义认识论者不可能摆脱怀疑论的质疑,这是因为他们在主张内部心灵状态具有优先性和确定性的同时,已经先天地决定了外部世界及其相关知识只具有非基础性的地位,因此永远面临着怀疑论的攻击。为此,哲学家们应该用一种自然化的认识论来取代基础主义认识论。

奎因(W. V. O. Quine)是最早提出自然主义认识论的哲学家之一,他在《自然化的认识论》(1969)①中主张基础主义认识论计划必定破产,这是因为按照意义整体主义理论,我们关于外部世界的个别理论陈述并不具有独立的经验含义,而是与其他理论陈述一起作为一个理论整体才具有经验含义,因此基础主义者试图将个别理论陈述还原为感觉经验及其逻辑结构的认识论工作不可能取得成功。为此,奎因呼吁我们抛弃任何优先于自然科学的"第一哲学"或者"先验哲学"任务,并且提出一种自然化的认识论:

> 认识论或者某种类似的事物,应该被理解为心理学、自然科学的一个章节。它研究一种自然现象,即物理性的人类主体。这个人类主体被给予了特定得到实验性控制的刺激——以特定频率发送的特定模式的刺激——并且在充足时间内,这个主体输出一个关于外部三维世界及其历史的描述。②

---

① 参见 W. V. O. Quine, "Epistemology Naturalized", in *Ontological Relativity and Other Essays*, New York: Columbia University Press, 1969, pp. 69-90。

② 同上,pp. 82-83。

在自然主义认识论的基础上,不仅认识论成为自然科学的一个篇章,自然科学反过来也被奠基于这一认识论,即自然科学本身是人类主体基于感觉刺激的构建和投射。由此,奎因主张我们应该像物理学家肯定分子和电子一样,肯定外部世界的存在。我们在意识中形成关于分子或者外部世界的假说,这些假说不仅能够解释我们的感觉经验,而且比其他理论更具有简洁性和经济性。他在《词与物》中写道:

> 把一个假说称作假说,并不意味着贬低它。一个假说除非必须以其他人为的假说为代价,否则就是不可避免的。我们承认其存在的任何事物,从理论构造过程的描述立场(the standpoint of a description of the theory-building process)来看只是一个假说,但是从被构造的理论的立场(the standpoint of the theory)来看则是现实的。让我们避免把理论的立场贬低为虚构,因为我们除了站在这个或那个理论的立场上,并没有其他更好的选择。①

在奎因以及其他自然主义思想家的影响之下,就连最早主张通过先验论证来辩护外部世界和科学知识的斯特劳森也经历了一场更彻底的自然主义转向。他在关于怀疑主义和自然主义的一系列讲座中承认,我们不可能通过先验论证来反驳怀疑论,并且提议在面对传统怀疑论时,"至少暂时性地(哲学中所有事

---

① 参见 W. V. O. Quine, *Word and Object*, Cambridge, Mass: MIT Press, 1960, p. 20。

物都是暂时性的)采取自然主义的立场"。① 但是斯特劳森并不
完全认同奎因,他认为"我们接受或者相信科学理论,仅仅因为
我们相信它们对相关现象提供了现有的最佳解释。这就是我们
接受它们的原因。但是人们接受物理世界,不是因为它提供了
现有最佳的解释。这不是任何人接受它的原因。[而是]如休谟
所言,它是我们在所有推理中——尤其是在那些决定我们接受
特定物理学理论的推理中——天然接受的观点"。② 简单地说,
"我们单纯无法不相信身体的存在,无法不按照归纳的基本法则
来形成信念与期待"。③

斯特劳森区分了我们天然形成的信念与我们接受的科学理
论,前者对于我们而言比后者具有更高的确定性和普遍性。但
是这种差别可以是程度上的,而并不必须是本质上的,即我们天
然形成的信念如果放在更大的时间跨度中,同样处于生成的过
程中,它们所具有的确定性和普遍性仅仅来自时间上的优势。

问题在于,自然主义者对于天然信念或者科学理论的心理
学和自然科学描述,同时使他们站在了反实在论,甚至是怀疑论
的立场上,这不仅与奎因自称为"坚定的实在论者"相互矛盾,而
且与自然主义者试图辩护外部世界与科学知识的哲学任务相互
矛盾。对此,部分研究者认为,我们关于实在论和非实在论的讨
论并不具备经验内容和经验证实的基础,因此彻底的自然主义

---

① 参见 P. F. Strawson, *Skepticism and Naturalism: some Varieties*, New York: Columbia University Press, 1985, p. 24。

② 同上,p. 22。

③ 同上,p. 12。

者应该取消实在论和非实在论之间的争论。① 但是自然主义并不意味着抛弃任何传统哲学意义上的概念分析，自然主义者表现出来的反实在论立场，应该被解释为依据自然主义原则重新确立起来的自然化的知识标准和实在论标准。这一标准向我们表明，人类不可能达到传统先验论所主张的知识标准和实在论标准，即我们关于外部世界及其存在的知识不可能通过一系列确定无疑的基础信念或者自明性信念得到辩护。正如自然主义哲学家迈克尔·德威特（Michael Devitt）在《实在论与真理》（1991）中指出的：

> 彻底的怀疑论者为自己设立了过高的知识（或者理性信念）标准，它们完全不可能被满足。我们最先进的科学表明了这一点。例如，它表明如果我们要积累知识，就必须取消那些不合理的假说，尽管我们并不能为取消这些假说进行最终的辩护。它表明任何（标准的）知识命题总是包含着错误的经验可能性。我们最先进的科学表明，这些标准除非预设瞬时唯我论，否则不可能被满足，而瞬时唯我论是单纯不可信的，因此这些标准应该被无视。怀疑论问题是无趣的……
>
> 在取消了对确定性、对坚实基础、对最终证实的追求，认识论还剩下什么？它的任务在于解释我们认识科学（以及常识）的方式……人类与世界之间的认识论关系，成为科

---

① 参见 Robert J. Fogelin，"Aspects of Quine's Naturalized Epistemology", in *The Cambridge Companion to Quine*, Cambridge：Cambridge University Press, 2004，pp. 38-39。

学研究的对象。认识论被自然化。①

德威特并没有准确地定义自然化的知识标准或者实在论标准是什么,他认为我们只要指出先验论和怀疑论设立了过高的知识标准,就已经表明了怀疑论质疑是无趣的和无意义的。

尼采对人类知识及其标准的思考,与当代自然主义哲学家保持着高度的一致性。首先,他认为我们在意识中经验性地形成所有信念和认识,其中包括了我们对于外部世界的信念,因此是一位彻底的经验主义者。② 其次,他也与当代自然主义哲学家一样,从自然科学,尤其是进化生理学的角度来描述意识及其功能,他主张意识是人类有机体进化出来的认识功能的一部分,它从属于"神经和大脑的装置"③,并且作为一种"镜面式的自我反观"④、一种"沟通工具"⑤、一种"符号和畜群标志"⑥、一种"引导性的力量"⑦,能够服务于有机体的权力增长与扩张,换言之,服务于有机体的权力意志。在此基础上,尼采指出我们意识中的感觉、信念、知识全部都具有视角性和条件性,即它们作为内部

---

① 参见 Michael Devitt, *Realism and Truth*, Oxford: Blackwell, 1991, p. 75。

② 例如在《人性的,太人性的》中,尼采认为客体概念是演化出来的:"'认识主体的原初普遍法则在于,必须内在地将所有客体看作本质上与自身同一、因此自在、永远保持不变[的事物],简言之看作实体。'这条被称作'原初'的法则,也是演化出来的。"参见《人性的,太人性的》,魏育青、李晶浩、高天忻译,华东师范大学出版社,2008 年,第一章,第 18 节。

③ 参见 KSA 11 37[4]。

④ 参见《快乐的科学》,黄明嘉译,华东师范大学出版社,2007 年,第五卷,第 354 节。

⑤ 参见 KSA 13 11[145]。

⑥ 参见《快乐的科学》,第五卷,第 354 节。

⑦ 尼采区分了主导性力量和引导性力量,其目的在于强调我们意识中的信念或者目标并不像传统伦理学家所主张的那样具有主导性的驱动力,而是只具有引导性。参见《快乐的科学》,第五卷,第 360 节。

心灵状态为我们所意识到这一事实,应该被解释为有机体权力意志与环境自然选择的结果。

最后,尼采提出意识视角主义理论的意义,也并不在于否定我们意识中形成的所有感觉、信念、知识,而是在于通过指出它们的视角性和条件性,来反驳传统哲学家赋予这些内部心灵状态的虚妄的确定性和自明性,并且由此提出一种新的自然化的知识标准。正是在对于自然化知识的讨论上,尼采比大多数自然主义者、德威特都更深入,他的视角主义理论并不停留于单纯要求我们取消传统认识论及其"对确定性、对坚实基础、对最终证实的追求",而是要求我们在认识到特定信念或者理论的同时,认识到它们是具有经验性和视角性的构造物,其中不仅涉及这些信念或者理论基于感觉刺激的构造过程,而且涉及它们服务于有机体权力增长与扩张的进化论功能。因此,自然主义意味着同时占据奎因所谓的理论立场和理论构造过程的描述立场。①

正是依据于人类意识及其认识能力对有机体而言的功能性,尼采要求在理论立场之外追加一个理论构造过程的描述立场。这个理论构造过程的描述立场具有显而易见的批判性质,它不仅解释了尼采自然主义思想中的批判性面向,而且解释了

① 与尼采一样,奎因也提出我们意识中感觉、信念或者理论的进化论功能。他在《自然化认识论》的最后一个段落中写道:"心理学家唐纳德・T. 坎贝尔(Donald T. Campbell)提出了进化认识论的领域。在这个领域中,侯赛因・伊尔马兹(Hüseyin Yilmaz)说明了色彩感知中的某些结构特征,能够通过生存价值得到预测。既然我们已经允许在认识论中引用自然科学的资源,那么另一个可以通过进化论得到澄清的关键认识论主题就是归纳。"参见 W. V. O. Quine, "Epistemology Naturalized," in *Ontological Relativity and Other Essays*, New York: Columbia University Press, 1969, pp. 89-90。

众多自然主义思想家不情愿地表现出来的非实在论倾向——这
是自然化的知识标准必须付出的确定性代价。由此,尼采预告
了哲学在认识方式和知识类型上的一场自然主义革新,未来哲
学家们必须抛弃过去对于一劳永逸的确定性和自明性的渴望,
从而接受知识的经验性、假设性、临时性、视角性,接受它们徘徊
于"发明"和"发现"之间的双重性,并且不断地从理论立场过渡
到理论构造过程的描述立场。正如在《善恶的彼岸》中,尼采对
比了老心理学家和新心理学家:前者热衷于"更简单和宜人的事
物",而后者通过终止这些令人愉悦的迷信,"将自身推向新的荒
芜和怀疑",并且确信"自己注定要进行发明——谁知道呢? 或
许是发现"。①

尼采思想中看起来相互矛盾的批判性与构建性,也在这一
自然化的知识标准与知识追求中获得统一。我们的意识内容具
有视角性,而意识内容的视角性反映了有机体的权力意志,与此
同时意识的视角性要求我们认识到视角主义理论和权力意志理
论作为意识内容,同样具有视角性并且反映有机体的权力意志,
这个要求在一定程度上削弱了视角主义理论和权力意志理论的
确定性,但是并没有取消,而是反过来保证了它们作为自然化知
识的合法性。就权力意志理论而言,它既试图提供关于生命的
生理—心理学范畴,也试图概括生命最普遍和最根本的属性,并
且决定了意识及其内容的视角主义特征。与此同时它也是一种
具有实验性、假说性、临时性的诠释视角。

德国尼采研究者赫尔穆特·海特(Helmut Heit)在 2016 年

---

① 参见《善恶的彼岸》,第一章,第 12 节。

的一篇论文中对关于尼采的自然主义诠释提出了异议,①他认为
自然主义标签并不能为我们理解尼采思想提供任何助益。对此
海特提出的主要论证之一,就是尼采思想中的自然主义元素"受
制于他的批判认识论",并且不可能独立于后者得到充分理解。
换言之,海特认为尼采的自然主义计划从属于他对知识的视角
主义批判,因此这一计划不仅具有视角性和假说性,而且不可能
得到最终证实。他甚至主张"尼采接受自然主义的方式顶多算
是丰富的知识涉猎与应用"。②

　　海特简单化了尼采思想中的自然主义计划与视角主义理论
之间的关系。正如我们已经说明的那样:首先,尼采关于意识内
容的视角主义理论,依据于意识对有机体而言的功能论主张,因
此建立在同时代进化生理学理论的基础上;其次,视角主义理论
中涉及的批判性,也并不在于否定任何知识的可能性或者合法
性,而在于指出传统哲学对于坚实基础或者最终证实的虚妄信
念,从而辩护一种自然化的、具有视角性和假说性的知识类型。
与海特所主张的相反,自然主义诠释对于我们理解尼采思想而
言是不可或缺的。

第三节　研究现状

　　为了说明学界对尼采思想的自然主义研究现状,我们需要
首先对自然主义这个概念做出澄清。它本身历史悠久、含义丰

---

① 参见 Helmut Heit, "Naturalizing Perspectives. On the Epistemology of Nietzsche's 'Experimental Naturalizations'", *Nietzsche Studien*, 45(2016), p. 56-80。
② 同上,p. 72。

富,只不过当下主要被用来指称 20 世纪中叶出现在美国的一个
哲学思潮,其中涉及一系列自称为"自然主义者"的哲学家们①。
在最一般的意义上,自然主义者强调哲学与科学的联盟:他们一
方面把现实严格地限制在自然的范围之内,否定任何"超越自
然"的事物;另一方面主张在一定程度上把科学方法引入关于现
实的哲学研究当中。以奎因为例,自然主义意味着拒绝第一哲
学,肯定自然科学的优先性,因此把哲学当作自然科学的延续。
他认为"世界就是自然科学所描述的世界","自然主义只面向自
然科学来寻求关于存在和存在之行为的理解"。②

　　一方面,自然主义在当代英美哲学家当中已经成为主流的
哲学立场,正如自然主义思想家大卫・帕皮诺(David Papineau)
在《哲学自然主义》(1993)中写道:"现在几乎所有人都希望成为
一位'自然主义者'。"③另一方面,自然主义者们仍然在许多关键
的哲学问题上持有不同的、甚至对立的意见,因此他们否认存在
着某种统一的自然主义定义。自然主义理论的多元性也体现在
研究者们对于尼采思想的自然主义诠释中。

　　布莱恩・莱特(Brian Leiter)在《尼采论道德》(2002)④这本
书中首先旗帜鲜明地将尼采称作"自然主义者",并且引发了学
界对尼采思想中自然主义的热烈讨论。莱特认为尼采与休谟、
弗洛伊德一样,都是以"人性"为研究对象的自然主义哲学家,只
不过尼采侧重于对道德现象进行自然主义解释。

---

① 例如杜威(John Dewey)、内格尔(Ernest Nagel)、塞拉斯(Roy Wood Sellars)、奎
　　因、戴维森(Donald Davidson)、罗蒂(Richard Rorty)等。
② 参见 W. V. O. Quine, "Structure and Nature", *Journal of Philosophy*, 89
　　(1992), p. 9。
③ 参见 David Papineau, *Philosophical Naturalism*, Oxford: Blackwell, 1993, p. 1。
④ 参见 Brian Leiter, *Nietzsche on Morality*, London: Routledge, 2014。

莱特区分了"方法论自然主义"（methodological naturalism）和"实体论自然主义"（substantive naturalism）。[1]方法论自然主义要求哲学应该在研究方式上"延续科学的经验性研究"，其中包括"结果延续"和"方法延续"。结果延续"要求哲学理论——例如道德理论或者知识理论——得到科学结果的支持或者验证"；方法延续则"要求哲学理论模仿科学的研究方法"，包括"实验的方法""诉诸原因的解释""通过普遍因果模式来解释我们观察到的具体现象"。实体论自然主义者更进一步，他们要么在本体论上要求"自然之物（或者单纯的物理之物）是唯一存在的事物"，要么在语义学上要求"哲学对于任何概念的分析都必须使它能够接受经验性的研究"。[2]

在这一区分的基础上，莱特主张尼采是一位"方法论自然主义者"，因为尼采对于人类现象的"自然主义解释"，主要在于强调"科学方法"的重要性，并且在主张"方法延续"（像科学那样主张所有自然现象都具有决定论意义上的原因）的同时，要求特定的"结果延续"（即人类并不具有高于或者区别于其他自然的起源）。具体在尼采的伦理学思想中，莱特认为他把"生理学和心理学事实"当作"决定性的原因"来解释人类的道德现象，而"生理学和心理学事实"又可以被称作"类型事实"（type-facts），"这个概念在尼采的成熟作品中占据着中心地位"。"一个典型的尼采论证形式像这样展开：一个人的理论信念能够通过他的道德信念得到充分解释；而他的道德信念能够通过关于这个人之类

① 实体论自然主义和方法论自然主义之间的区分，被普遍地应用于当代心灵哲学和科学哲学对自然主义的讨论当中。这一区分至少可以追溯到奎因，他同时提倡这两种自然主义。
② 参见 Brian Leiter, *Nietzsche on Morality*, London：Routledge, 2014, pp. 2-4。

型的自然事实得到充分解释（也就是说，类型事实）"。在尼采提出的众多类型事实中，包含了最重要的"权力意志"。① 此外，莱特指出，当代意义上的实体论自然主义，意味着主张极端的物理主义，但是尼采的"生理学和心理学事实"或者"权力意志"并不属于物理事实，因此他不是实体论自然主义者。

在许多研究者看来，莱特关于结果延续和方法延续的论述过于粗浅，他的道德自然主义模型也过于唯科学论、机械论，不仅弱化了尼采思想中个体在意识和反思层面上的主动性，并且完全忽视了社会文化因素对人格和价值的影响。在莱特的基础上，大多数研究者要么否定任何科学自然主义诠释的可能性，要么试图提出一种相对较弱的自然主义立场。

克里斯托弗·贾纳韦（Christopher Janaway）就是其中之一。在《超越无私》（2007）②这本书中，他首先肯定了尼采思想中广义上的自然主义：尼采反对柏拉图、基督教、叔本华等的"超越论形而上学"，尤其是"非物质性灵魂、绝对自由的意志或者纯粹理性"等超越性的概念；与此相对应，他强调身体，谈论人类的动物性，并且试图通过"物理性和身体性存在中的冲动、本能、情感来解释各种现象"；人类应该被重新解释为自然，否则"我们就曲解了他们的历史、他们的心理、他们的价值的本质——我们必须认识这些事物的真相，从而实现对于价值的批判和重估"。③

与此同时，贾纳韦否认尼采在任何严格的意义上延续了经验科学的结论或者方法。就结果延续而言，贾纳韦认为尼采通

---

① 参见 Brian Leiter, *Nietzsche on Morality*, pp. 7-11。
② 参见 Christopher Janaway, *Beyond Selflessness*, Oxford：Oxford University Press, 2007。
③ 同上，p. 34。

过"权力意志"的概念,把"权力"和"诠释"的概念引入到生理学层面上;而在方法延续的层面上,尼采的方法与其说是"科学性的",倒不如说充满了"艺术技巧、修辞、情感触发、对于读者个人反应的探索";最后,尼采对于伦理价值的因果性解释,并不限于"个体的心理—生理学构成",还包括了"复杂的文化现象","过去个体以及被投射个体类型的心理—生理学状态"。①

基于上述原因,贾纳韦表示,如果尼采确实可以被理解为自然主义者,那么这种自然主义仅限于寻求"与科学不冲突的引证原因的方式"来解释世界,更具体地说,是"把 Y 和 Z 作为原因来解释 X 的同时,保证 Y 和 Z 作为 X 的原因,不会被先进科学所证伪"。②

贾纳韦的主张反映了绝大多数尼采研究者对自然主义诠释的态度。例如理查德·沙赫特(Richard Schacht)在他的论文《自然主义和规范性》③中就直接引用贾纳韦对莱特的批评,并且把莱特的方法论自然主义贬斥为科学主义,按照这种唯科学论的观点,"自然—科学的思考方式"就其"知识类型"而言是不容置疑的,它"在方法论上具有典范性",并且"在实体论上具有决定性"。沙赫特认为尼采"绝对没有教条式地主张——或者只是假设——除了自然科学告诉我们的人类现实以及我们生活于其中的世界之外,不存在任何其他东西",他"不仅拒绝,而且坚决地反对这种自然主义",他的自然主义思想相反应该被解释为

---

① 参见 Christopher Janaway, *Beyond Selflessness*, pp. 52-53。
② 同上,p. 38。
③ 参见 Richard Schacht, "Nietzsche's Naturalism and Normativity", in *Nietzsche, Naturalism, & Normativity*, Christopher Janaway and Simon Robertson (eds.), Oxford: Oxford University Press, 2012, pp. 236-257。

"［唯科学论］自然主义"的"自然主义替代和解药"。①

沙赫特把尼采的科学主义解药称作延展自然主义（extended naturalism）：人不仅是"自然"，而且在许多重要方面已经"去动物化"，因此能够超出"动物"。解释人类生命，就意味着解释"已经成为人类现实的各种生命形式（经验、行为、客观化）"，其中包括"生理学的、社会的、文化的、政治的、道德的、宗教的、艺术的、科学的、哲学的"生命形式。它们"既在起源和基本构成的意义上被'重新解释为自然'，又被理解为一种突现性的特征——一种'更高的自然'"。② 延展自然主义一方面作为实体论上的"规范性假设"和方法论上的"启发性原则"引导哲学研究的过程，另一方面则"关注人类现实和世界的方方面面——包括社会、文化、艺术现象在内，并且试图同时理解其丰富性与突现性"。③

贾纳韦和沙赫特等人对科学自然主义的批评从表面上看很难反驳，加上尼采在不同文本中对科学理论的批评，大多数研究者倾向于否定尼采思想中包含类似于莱特主张的强自然主义立场。问题在于，尼采仍然在很大程度上肯定科学，他对科学的批评也绝不等同于全盘否定，这几乎是所有研究者的共识；与此同时，研究者们却使用"很大程度上"这种模糊的概念来解释尼采对科学的肯定，他们拒绝深入地、准确地探讨尼采哲学与同时代科学之间的积极关系。但是如果我们要判断尼采思想是否符合科学自然主义，或者属于任何其他类型的自然主义，就必须澄清它与科学，尤其是与自然科学的具体关联程度，以及这种关联程度与尼采对自然科学的批评之间是怎样的关系。

---

① 参见 Richard Schacht, "Nietzsche's Naturalism and Normativity", pp. 237-238。
② 同上，p. 240。
③ 同上，pp. 240-241。

　　关于这种正向关联关系，贾纳韦简单地表示：尼采与科学的关系，仅限于他寻求"与科学不冲突的引证原因的方式"或者"不会被先进科学所证伪"的解释。贾纳韦的观察非常敏锐，但是他的结论并不彻底："与科学不冲突"，或者"不被先进科学证伪"，很可能恰好相反地暗示了一种强自然主义主张，即把科学方法以及结论看作绝对的和最终的权威。与此类似，沙赫特主张尼采试图具备"丰富而复杂的科学知识"（scientifically informed and sophisticated），他的自然主义"与科学知识结盟，但并不是简单地模仿它们"；他"重视科学研究"，"但绝不教条地主张——或者只是假设——自然科学能够告诉我们关于人类现实和我们身处其中的世界的一切"。① 毫无疑问，"结盟"或者"重视"都应该得到更加具体的限定。

　　以贾纳韦和沙赫特为首否定科学自然主义诠释的研究者，在尼采研究领域中占据了大多数，尽管他们对尼采的思想与自然科学、自然主义之间关系的讨论，通常是不充分的。而我在本书中的主要工作之一，就是对这个主题进行正面的讨论与澄清。我将说明尼采思想与同时代自然科学的关联性，远远超出贾纳韦等人的消极设想，并且比莱特所提议的方法延续（因果决定论）和结果延续（人类拥有自然起源）更进一步。正如在《善恶的彼岸》第 230 节中，尼采提出"把人类重新解释为自然"的哲学任务，要求我们"确保从今以后，人类站在自身面前，就像他今天已经站在其他自然面前那样，在科学的训练之下对形而上学捕鸟人的诱惑充耳不闻……"在此，尼采要求人类对自身的研究应该模仿人类对其他自然的研究，其中包括在方法论上接受科学的

---

① 参见 Richard Schacht, "Nietzsche's Naturalism and Normativity", p. 237。

训练,以及在本体论上摆脱形而上学的诱惑。

在本章的第二节中,我们已经说明尼采对人类知识提出一种自然主义的,而不是后现代相对主义的定义。这种自然化的知识类型要求我们在接受特定信念或者理论的同时,接受这些信念或者理论的经验性、视角性、假说性、临时性。而在本书的主体部分,我将论证尼采的自然主义计划与同时代自然科学研究之间存在着本体论上的延续性,他所提出的作为人类本质的权力意志理论,主要地依据于动态物理学理论和权力斗争生理学理论。我也将论证尼采思想中的认识论自然主义立场,它表现为尼采对感觉主义、经验主义、实证主义的肯定性态度;而他的认识论视角主义理论,建立在人类意识和认识能力对于有机体而言的功能性这一自然主义原则之上,因此并没有取消经验主义和实证主义的有效性,而是要为经验主义和实证主义知识提出一种自然主义辩护。此外,尼采对于人类意识和所有人类精神文化现象的具身化诠释,也为我们在物理主义和物理因果闭环思想背景下讨论身心关系、具身性认知、具身性伦理学提供了思路。

我倾向于用本体论自然主义的概念来取代实体论自然主义,主要因为尼采对实体概念进行了大量的批评,而"本体"可以被宽泛地用来指称范畴。本体论自然主义意味着主张哲学和科学应该接受相同的本体论,换言之哲学和科学拥有一系列能够被量化的共同的基础性范畴(诸如客体、属性、过程、事件、状态、系统等)。尼采不仅讨论和接受来自物理学、生物学、进化论的先进科学理性,他也认为权力意志和其他心理学范畴,诸如冲动、情感、升华等,可以成为科学与哲学的共识。而在方法论上,自然主义意味着主张哲学和科学应该接受相同的研究方法。尼采认为感觉经验是我们获取和证实知识的唯一可靠来源,因此是一位认识论经验主义者和自然主义者,但是我们很难说尼采是一位方法论自然主义者。

我也倾向于主张在尼采的思想诠释中,我们应该按照哲学和科学之间共同的知识追求来定义自然主义,而不是局限于用哲学和科学之间的延续性来定义自然主义,这是因为自然主义并不意味着要求哲学在科学面前彻底失去立场。至少在尼采所处的时代中,哲学与科学能够拥有共同的知识任务,它们可以在寻求知识的过程中相互质疑和影响。正如权力意志在不同的语境下也被尼采表述为需求、渴望、冲动、本能、情感、激情等,这些概念逐渐发展和演化成为心理学中的基本范畴,因此现实地影响着科学的发展。再者,如果我们从科学内部来看待它的动态性、开放性、具体性、假说性甚至争议性,以及这些争议如何通过竞争的方式来推动整体的发展;如果我们理解尼采的科学概念包含了自然科学和社会科学,其中自然科学除了物理学以外,还有化学、遗传学、生物学等类别,它们使用完全不同层次上的基本范畴;如果我们也考虑到,一直到 20 世纪中叶,克拉克和沃森才证明生命中的遗传物质具有分子结构,因此彻底地反驳了生理学中的活力论主张,那么我们只会更加难以拒绝对于尼采思想的自然主义诠释。

基于上述论点,我们可以更加具体地回应和反驳贾纳韦等人对尼采思想的自然主义诠释的批评。第一,贾纳韦认为尼采把"权力"和"诠释"的概念引入到生理学中,因此并非全盘接受自然科学结论。但是正如我们已经指出并且将要在后面章节中论述的那样,这一做法恰好依据于鲁克斯和罗尔夫等实验生理学家提出的有机体权力斗争生理学,它并非尼采首创,也并不完全来自尼采个人的直观式反思或者经验性归纳。第二,贾纳韦提出的第二点批评,即尼采在哲学研究中所应用的方法与其说是"科学性的",倒不如说充满了"艺术技巧、修辞、情感触发、对读者个人反应的探索",同样应该得到自然主义的解释:人类对于知识的追求,不可能脱离其生理学基础中的权力斗争原则;而科学家所追求的客观性,暗示了一种否定生命的权力意志,它本身就属于一种平民式的修辞技巧。第三,尼采对科学提出的其他众多批评,例如他对机械唯物论、对客观性知识的批评,同样可以追溯到他的权力意志理论,而权力意志依据于动态物理学和权力斗争生理学。这些批评与其说否定了尼采哲学与自然科学之间的深层延续关系,倒不如说是尼采把科学结论引申到对科学本身的反思当中,因此是科学借助于哲学的自我反思。第四,在"自然化人性"的哲学任务中,同时存在着文化现象与自然基础这两个维度。尼采一方面强调作为文化基础的身体与自然,因此表现出还原论的倾向;另一方面追求人类文化的高度与丰富性,从而表现出突现主义的立场。这两个方向上的偏倚,一定程度上造成了两种不同的诠释结果。第一类诠释者主张尼采思想中的还原论元素,并且由于自然科学在相关领域中已经取得的研究成果,他们强调尼采思想与自然科学在方法或者结论上的延续性。第二类诠释者则倾向于强调尼采的文化主张,并且认为这些主张完全超出了自然科学的研究领域。例如沙赫特认为,尼采"绝对没有教条式地主张——或者只是假设——除了自然科学告诉我们的人类现实以及我们生活于其中的世界之外,不存在任何其他东西",并且主张解释人类生命就意味着解释"已经成为人类现实的各种生命形式(经验、行为、客观化)",其中包括"生理学的、社会的、文化的、政治的、道德的、宗教的、艺术的、科学的、哲学的"生命形式,它们"既在起源和基本构成的意义上被'重新解释为自然',又被理解为一种突现性的特征——一种'更高的自然'"。①

沙赫特通过指出尼采思想中超出生理学的维度,其中包括道德、宗教、科学、艺术、社会等文化维度,来反驳对尼采单纯科学自然主义的诠释,这样做从表面上看保全了尼采思想的完整性与丰富性,实际上却很可能曲解了尼采的哲学意图。如果沙赫特所谓的"突现性"等同于物理主义语境下的意识突现主义,那么他已经默认了尼采思想中的物理主义前提,因此认同尼采是一位本体论自然主义者;如果他只是宽泛地谈论自然与文化之间的突现性关系,那么就落入了对尼采思想错误的身心二元论解读,这种解读与尼采批评实体概念、强调身体对于意识的根本性、构建关于意识的功能论自然主义理论是完全矛盾的。正如在《查拉图斯特拉如是说》中,尼采写道:"启蒙者、认识者说:'我是完完全全的身体,此外别无其他;灵魂只是关于身体上某物的语词……'"②

尼采并不认为存在着某种独立于生理—心理学基础的文化现象,关于人类精神文化现象的独立性主张,不仅歪曲了事实,而且反映了一种自我否定的生理—心理学基础。相反,尼采强调所有文化现象的具身性和历时性。因此,当贾纳韦批评莱特在生理—心理学事实之外,忽视了复杂的文化现象、个体过去的心理学状态等因素对道德信念的影响时,他本人却忽视了生理—心理学事实与复杂的文化现象、个体过去的心理学状态并

① 参见 Richard Schacht, "Nietzsche's Naturalism and Normativity", p. 240。

② 参见《查拉图斯特拉如是说》,孙周兴译,尼采著作全集(第 4 卷),商务印书馆,2010 年,"论身体的蔑视者"。

不构成相互独立的决定道德信念的因素。同理，沙赫特所列举的生理学以外的其他众多生命形式，并不独立于它们的生理状态而存在，而是从根本上反映了它们的生理状态，甚至它们就是生理状态本身。

到此为止，我大致交代了本书的研究目的与研究背景，并且陈述了尼采自然主义研究的学术现状和学术意义。

第四节　主旨与结构

本书的目的是对尼采思想进行自然主义诠释，主要围绕着尼采思想中的本体论自然主义和认识论自然主义展开。本书内容分为以下四个部分。在第一部分中，我主要论证尼采对于自然科学，尤其是对动态物理学理论、实证主义的肯定态度。在第二部分中，我主要论证 19 世纪生理学理论为尼采提出权力意志生理学提供了理论基础，其中又涉及尼采对于目的论、功能论、达尔文进化论的反思。在第三部分中，我将论述尼采对有机体冲动、情感、需求、主体的自然化诠释，尤其是它们的动态性、具身性、实践性特征。而在最后一部分中，我按照对尼采思想的自然主义诠释，重新讨论了尼采的动物和超人、他独特的主动性生存条件概念。

第二章　动态物理学

在《善恶的彼岸》第 230 节中，尼采指出自己的哲学任务是"将人类重新解释为自然"，为此他要求我们在方法论上接受"科学的训练"，并且在本体论上像科学那样克服"形而上学错误"。基于这一定义，克里斯托夫·考克斯（Christoph Cox）把尼采的自然主义思想称作后形而上学自然主义。[1] 而在这一章中，我将讨论除了后形而上学的消极定义以外，尼采关于科学研究方法与研究结论的积极观点。

为此我主要论证以下两个观点：第一，尼采肯定科学方法获取知识的可靠性，尤其是感觉经验在认识中起到的核心作用；第二，尼采对原子唯物论和机械唯物论的批评，依据于他所学习的朗格[2]和博斯科维奇[3]等人的动态物理学理论，因此他对物理学的批评，更确切地说是依据先进物理学理论对传统物理学理论的批评。而在动态物理学的基础上，尼采进一步提出权力意志

---

[1]　参见 Christoph Cox, *Naturalism and Interpretation*, Berkeley：University of California Press, 1999, p. 6。

[2]　朗格（Friedrich Albert Lange，1828—1875），德国新康德主义者和科学哲学家，著有《唯物主义历史及其当代意义批评》（*Geschichte des Materialismus und Kritik seiner Bedeutung in der Gegenwart*）等作品。

[3]　博斯科维奇（Roger Joseph Boscovich，1711—1787），意大利数学家、天文学家、数学物理学家，主要学术作品为《自然哲学理论》（*Theoria Philosophiae Naturalis*）等。

本体论中的动态性原则,并且将其应用于人类精神文化现象中的形而上学批判和自然主义重建。

通过论证上述观点,我们可以说明,尼采不仅认同科学研究方法,熟悉不同物理学理论及其争论,站边他认为更先进的动态物理学理论,而且把更先进的物理学理论发展成为权力意志本体论中的动态性原则,从而将其应用到对精神文化现象的哲学研究当中。因此我们完全可以把尼采称作本体论自然主义者。而尼采在不同文本中对物理学理论的批判态度,并不足以否定尼采思想中的本体论自然主义立场。

第一节　自然科学与感觉经验

在《偶像的黄昏》中,尼采列举了理性主义哲学家的两种癖好,其中第一种是对历史和生成的厌恶,它进一步表现为对感觉和身体的厌恶。① 对此尼采表示:"感觉根本不会欺骗[我们]","我们对感觉证据的所作所为,才是谎言产生的地方,例如关于统一性、客体化、实体、永恒……的谎言。'理性'使我们歪曲感觉证据"。② 在接下来的小节中,尼采更是以鼻子为例,对感觉的观察能力大加赞颂,并且写道:

> 我们今天拥有科学知识的程度,正是我们决定接受感官证据的程度——我们学会增强和武装它们,并且彻底地思考它们。剩下的都是流产儿和尚未成为科学的事物,也

---

① 参见《偶像的黄昏》,"哲学中的'理性'",第 1 节。
② 同上,第 2 节。

就是说形而上学、神学、心理学、认识论。①

尼采指出,科学区别于传统形而上学、神学、心理学、认识论的特征,就在于接受感觉经验的证据,更具体地说则是通过感觉经验提出经验性的假说,并且进一步通过感觉经验对这些假说进行经验性的验证。此外,尼采强调感觉是比理性更为可靠的知识来源,因此科学依赖于感觉所获得的经验知识,比传统哲学依赖于理性所获得的先天知识更为可靠。最后,通过感觉经验得到验证的科学性假说,也并不自居为现象世界背后的真实世界,因此科学能够纠正我们对于真实世界和表象世界的错误区分,进而清除这种区分所导致的形而上学本体论和因果关系。

出于相同的原因,形而上学家、独断论道德主义者、神学家不仅痛恨科学的方法与结论,而且与科学家势不两立:"如果人类成为科学性的[人],那么牧师和神灵也就全部终结了!——道德寓意:科学本身是被禁止的——只有它是被禁止的。科学是最初的罪恶,是所有罪恶的萌芽,是原罪。"②

简而言之,尼采认为:感觉是比理性更可靠的知识来源;科学通过感觉获得的知识,比传统哲学通过理性获得的知识更为可靠;科学能够破除传统哲学、神学、伦理学、认识论中关于"真实世界"的形而上学错误。

---

① 参见《偶像的黄昏》,第 3 节。
② 参见《敌基督》,第 48 节。

第二节　动态本体论

尼采除了肯定一般意义上的感觉经验和科学知识,还学习并且接受一系列具体的科学理论。从 19 世纪 70 年代到 80 年代间,他阅读了大量关于自然科学的作品,并且对新康德主义者朗格的《唯物主义历史》,自然科学家博斯科维奇的动态物理学理论,海克尔①、鲁克斯②、罗尔夫③等人的生物学和生物进化理论抱有浓厚兴趣。在这一节中,我将说明博斯科维奇和朗格共同塑造了尼采权力意志本体论中最重要的动态性原则:他们都主张动态物理学,批评当时仍然占据主流的原子唯物论和机械唯物论。尼采不仅完全接受他们的动态论观点,而且把它们应用于人类文化现象中的形而上学批判和自然主义重建。

一、博斯科维奇

博斯科维奇是最早接受牛顿万有引力定律的欧洲学者之一,他撰写了一系列关于光学、天文学、引力、气象学、三角函数

---

① 海克尔(Ernst Haeckel,1834—1919),德国生物学家、达尔文进化论的拥护者和传播者,著有《有机体普通形态学》(*Generelle Morphologie der Organismen*)、《自然创造史》(*Natürliche Schöpfungsgeschichte*)等。
② 鲁克斯(Wilhelm Roux,1850—1924),德国动物学家、实验胚胎学的创始人,海克尔的学生之一,著有《有机体中各部分之间的斗争》(*Der Kampf der Theile im Organismus*)。
③ 罗尔夫(William Henry Rolph,1847—1883),德国昆虫学家,著有《生物学问题》(*Biologische Probleme*)。

等主题的论文。在《自然哲学理论》(1758)①这部对尼采产生重要影响的作品中,他主要试图批评牛顿的原子唯物论,并且提出一种动态物质理论。研究者们普遍认为,尼采直接或者间接地通过阅读朗格的《唯物主义历史》(1866)接触到博斯科维奇,②并在 1873 年 3 月左右从巴塞尔大学图书馆复印了后者创作的《自然哲学理论》,从此开始对其展开独立的研究。

现代意义上的物质概念可以追溯到笛卡尔。他认为物质具有广延,是能够在空间中运动的实体。牛顿在笛卡尔的基础上,把物质定义为"具有硬度、质量、不可穿透性、可移动性的粒子",它们"如此坚硬以至于永远不能再被分割",这些粒子就是原子。③ 在牛顿物理学的基础上,唯物论意味着主张物质是自然中

---

① 这部作品最早出版于 1758 年,并于 1763 年扩充和再版,也就是尼采所阅读的"威尼斯版本"。我在本书中参考了根据威尼斯版本翻译的英译本:R. J. Boscovich, *A Theory of Natural Philosophy*, Cambridge, MA: MIT Press, 1966。

② 部分研究者例如皮尔逊(Keith Ansell Pearson)认为,尼采在阅读朗格《唯物主义历史》的过程中接触到博斯科维奇及其思想,参见 Keith Ansell Pearson, "Nietzsche's Brave New World of Force: On Nietzsche's 1873 'Time Atom Theory' Fragment and the Matter of Boscovich's Influence on Nietzsche", *Journal of Nietzsche Studies*, 2000(20), p. 5。但是布鲁伯耶(Thomas H. Brobjer)指出,《唯物主义历史》一直到 1875 年再版时才提到博斯科维奇,因此尼采不太可能通过阅读朗格认识后者,参见 Thomas H. Brobjer, *Nietzsche's Philosophical Context: An Intellectual Biography*, Urbana: University of Illinois Press, 2008, p. 128。此外,斯塔克(George J. Stack)和萨拉科瓦达(Jörg Salaguarda)则认为尼采首先通过阅读朗格认识德国物理学家和实验心理学家古斯塔夫·费希纳(Gustav Fechner, 1801—1887),然后通过阅读费希纳接触到博斯科维奇,参考 George J. Stack, *Lange and Nietzsche*, Berlin: Walter de Gruyter, 1983, p. 39;以及 Jörg Salaquarda, "Nietzsche und Lange," *Nietzsche-Studien*, 1978(7), p. 243。

③ 参见牛顿:《牛顿光学》,周岳明译,北京大学出版社,2011,第三编第一部分,疑问 31。

的根本实体;原子论则意味着主张原子是自然中的根本实体;机械论进一步引入物质的惯性,并且把物质的运动归结为外部作用力的结果,从而通过对于物质及其运动的数学计算来解释自然现象。

但是博斯科维奇认为,原子唯物论者提出的"原子",实际上就是被赋予了不可穿透性或者不可再分性的"小球",因此只是我们基于日常经验想象出来的事物。由于这些小球在物理学中占据根本的解释地位,所有物理学性质和关系都被解释为这些小球的性质和关系。更重要的是,博斯科维奇认为把自然现象解释为具有广延和硬度、通过压力和碰撞相互作用、能够在空间中运动的小球,同时意味着主张小球能够发生瞬间位移和瞬间变速,但是这违反了自然现象中的连续性原则,即任何事物从某个状态进入另一状态,都必须经历所有的中间状态,"单个状态对应于单个时刻,但是增量或者减量对应于连续的时间间隔"。[①]

博斯科维奇主要通过小球碰撞的思想实验来论证他的观点:假设两颗刚性小球以不同的速度运动,速度更快的小球从后面撞击速度较慢的小球。按照原子唯物论的观点,相互作用力发生在两颗小球相遇的瞬间,速度慢的小球在撞击作用下立即加速。但是瞬间加速与连续性法则相互矛盾,后者规定小球从既定速度转变为其他速度,必须经历一定的时间间隔;而瞬间加速则意味着小球在特定时刻中同时表现为两种速度,这是荒谬的。因此,博斯科维奇认为碰撞现象中的速度变化,并不是瞬间产生的,而是在两颗小球直接接触之前就已经连续性地发生了;

---

① 参见 R. J. Boscovich, *A Theory of Natural Philosophy*, Cambridge, MA: MIT Press, 1966, p. 28。

这种连续性的速度变化只有通过假设小球之间的排斥力来实现。随着小球之间的距离变小,它们之间的排斥力变大;当距离最近时,排斥力接近于无穷大。

由于碰撞模型中小球之间的距离无穷近时,它们的相互排斥力也趋向于无穷大,因此小球不可能发生直接接触。此外,它们作为物质的基本组成结构,必须具有简单性、不可再分性、非广延性。广延性意味着可再分性,而可再分性意味着它们不可能是最基本的组成结构。最后,这些基本组成结构还具有惯性,并且由相互作用力包围着。博斯科维奇因此把它们概括为一系列相互作用着的"力的中心":

> 这些点都具有惯性,以及取决于距离的相互作用力,如果距离被给定,力的大小和方向也就被给定;如果距离被改变,力也随之产生变化;如果距离无限地变小,力就变成排斥力并且无限变大;如果距离增加,力就将变小、消失、转变成吸引力,并经历先增加、再减小、消失、重新变成排斥力如此往复的过程;直到更远的距离,它最终变成吸引力,并且大致按照距离平方的反比减小。①

按照博斯科维奇的观点,正是这些相互作用的力的中心,构成了物体和外部世界。如果把博斯科维奇的动态理论重新放回到物理学的历史背景中,我们可以更好地理解它的重要性与必然性:牛顿通过观察和实验发现了"力",并且把力(尤其是引力)的概念引入到自己的机械唯物论体系中,但是牛顿对力的本体

---

① 参见 R. J. Boscovich, *A Theory of Natural Philosophy*, p. 10。

性地位保持着模糊的态度,他把力看作从物质客体中发散出来的某种事物,它们来自物质客体,却并不属于物质客体的根本属性。到了 18 世纪,随着弹力、表面张力、电磁引力等一系列力的发现和应用,力的本体地位逐渐地在科学界和哲学界中被接受,其中最极端的例子就是博斯科维奇的力点理论。他认为构成物质的基本结构是力而不是原子,因此主张用力完全取代原子的本体地位。力点理论不仅能够取消多元本体,而且能够避免与连续性法则产生矛盾。

著名的科学哲学家卡尔·波普尔(Karl Popper)甚至在《哲学和物理学:关于物质结构的形而上学沉思对于理论和实验物理学的影响》这篇论文中指出,力点理论提供了一种"关于广延的动态理论",它能够解释由于外部压力或者碰撞产生的广延变化,因此可以被看作法拉第—麦克斯韦电磁理论以及爱因斯坦、德布罗意、薛定谔等人提出的物理学理论的先驱。[1]

彼得·波尔纳(Peter Poellner)在评论博斯科维奇时表示,"博斯科维奇的'力',严格来说就是加速度"。[2] 但是在尼采看来,"力"或者"加速度",严格来说是变化和生成。物理学上力的发现和应用、博斯科维奇的力点理论,与尼采所推崇的赫拉克利特的生成学说不谋而合,并且为权力意志理论中的动态性原则提供了重要的基础。

首先,尼采在他的作品中从来没有直接地论证反驳原子论,

[1] 参见 Karl Popper, "Philosophy and Physics: The Influence on Theoretical and Experimental Physics of Some Metaphysical Speculations on the Structure of Matter", in *The Myth of the Framework*, London: Routledge, 1994, pp. 112-120。

[2] 参见 Peter Poellner, *Nietzsche and Metaphysics*, Oxford: Clarendon Press, 1995, p. 50。

但是他提到并且肯定博斯科维奇在人类认识历史上做出的颠覆性成就。在《善恶的彼岸》第 12 节中,尼采写道:

> 就唯物原子论而言:这是被彻底反驳的事物之一……为此,我们可以感谢波兰人博斯科维奇,他和另一位波兰人哥白尼一样,是视觉证据最伟大、最成功的反对者……博斯科维奇教导我们抛弃对于地球上最后那点"静止"事物的信念,对于"物质"、对于"物质性"、对于残存的那点地球碎片和原子的信念。

以及在笔记中:

> 当我思考自己的哲学系谱学,我把自己与机械论运动(将所有道德和美学问题还原为生理学问题,将所有生理学问题还原为化学问题,将所有化学问题还原为机械论问题)联系在一起——不同的是,我不相信"物质",并且把博斯科维奇看作伟大的转折点之一,正如哥白尼那样:我认为把精神反思作为起点的一切事物都不可能取得成功,并且相信任何不把身体作为引导线索的研究都不可能是好的。哲学不再作为教条,而是作为临时的研究规范。[①]

其次,在博斯科维奇动态物理学的基础上,尼采更重要的哲学工作是要把动态性原则引申到对精神文化现象的形而上学批评和自然主义还原当中。例如在《善恶的彼岸》中,他主张清除

---

① 参见 KSA 1126[432]。

那些残留在精神文化现象中的原子主义，尤其是人们对于灵魂实体的信念：

> 我们必须……对"原子论需求"宣战——一场抗争到最后的斗争，它和更出名的"形而上学需求"一样，在无人关注的领域仍然危险地潜伏着。首先，我们必须结束另一种更危险的原子论，即基督教教导得最好也最久的灵魂原子主义。这个表达指称人们对于灵魂不可摧毁、永恒、不可再分的信念，即它是一个单子，一个原子。这个信念必须被抛除在科学之外！①

以及在《人性的，太人性的》中，尼采认为人们对于自由意志的信念，是意愿和认识领域中的原子主义，它违背了现实世界的动态性原则：

> 对于自由意志的信念，与连续的、同质的、未分离的、不可分离的流变不可能相互兼容：它预设了所有个别行为都是孤立和不可分的；这是意愿和认识领域中的原子主义。②

事实上，尼采认为传统形而上学、先验论、独断论命题，都可以在不同程度上被归纳为精神现象中的原子主义，它们由于违背了本体论上的动态性原则，因此只属于错误的（尽管可能是有用的）人类知识。而尼采提出的动态本体论，关键性地奠基于博

---

① 参见《善恶的彼岸》，第1章，第12节。
② 参见《人性的，太人性的》，"漫游者和它的影子"，第11节。

斯科维奇的动态物理学理论中,由此我们论证了尼采思想中依据于动态物理学的本体论自然主义立场。

二、朗格

相比博斯科维奇,朗格对于尼采的影响更加广泛和深远。除了生理学派新康德主义者的身份以外,朗格也是一位优秀的哲学史家和科学哲学家,他在 1866 年出版的《唯物主义历史》①全方面地影响了尼采的哲学思考。在这部作品出版同年,尼采就开始对其进行阅读,并且在接下来的十几年间反复重读这部作品,不断地从中获得想法和灵感。

尼采对于牛顿物理学的认识,很可能主要地来自朗格。他和朗格一样,认为由牛顿提出并被广泛接受的"力"的概念,对传统原子唯物论及其所预设的作为永恒物质实体的原子发起了挑战,并且最终作为一种关于物质的动态理论取代 19 世纪仍然占据主流的原子论。由于机械唯物论建立在原子唯物论的基础之上,朗格和尼采也发起了对机械唯物论及其可靠性的攻击:他们坚持机械论只是关于自然世界的假说和模型之一,它是人类思维的产物,是我们借助于符号对于自然世界的表象和量化,并且绝不能被当作关于自然世界的真实和唯一的表象;通过限定机械论的描述和应用范围,他们重新肯定作为诠释的机械论及其研究成果的合法性。

朗格和尼采都主张动态本体论,他们认为所有事物从根本

---

① 参见 F. A. Lange,*Geschichte des Materialismus und Kritik seiner Bedeutung in der Gegenwart*, Iserlohn: Baedeker, 1866。

上来说都是动态的事件、过程、系统。① 机械论对世界的表象和量化方式尽管有助于我们思考动态过程，但是它们预设了现实中并不存在的物质实体及其数学属性，这些都是人类在意识中虚构出来的事物。其中"量化"，换言之"数学计算"的概念成为朗格和尼采攻击机械论的核心论点，我们可以从他们的作品中找到一些非常类似的表述。例如朗格在《唯物主义历史》中写道：

> 几何学及其线条、平面、物体，能够帮助我们[在知识中]前进，尽管现实事物几乎总是不可衡量的。②

而在《快乐的科学》中，尼采表示：

> 我们只是在处理那些根本不存在的事物——线条、平面、物体、原子、可分的时间、可分的空间。解释怎么会成为可能，如果我们首先将所有事物转变成画面——我们的画面！③

以及在其他大量文本中，尼采表示：机械论"只追求量；但是力来自质。机械论因此只能描述现象，而不是解释现象"；④"[机械

---

① 例如在笔记中，尼采表示："这个世界：一匹能量巨兽，无始无终；一定量无增无减的力，既不消耗也不转化……"参见 KSA 11 38[12]等。

② 参见 F. A. Lange, *Geschichte des Materialismus und Kritik seiner Bedeutung in der Gegenwart*, p. 899。

③ 参见《快乐的科学》，第三卷，第 112 节。

④ 参见 KSA 12 2[76]。

论]只允许计数、计算、称重、观察、触摸,此外无他";①"唯物论自然科学家们对此感到满意:这个世界应该在人类思想、人类价值中拥有一个对应物和衡量尺度——一个能够通过人类孱弱的理性被完全捕获的'真实世界'",但是通过这种方式,我们"把存在贬斥为数学家的算术演练和室内消遣"。②

　　除了"数学计算"以外,尼采还试图通过区分"描述"(Beschreibung)和"解释"(Erklärung)来限定和批评机械论。他认为机械论只能"描述"世界,而不是"解释"世界。显然,尼采并不认为机械论能够如其所是地描述世界,而是只能按照"我们的画面"来描述世界中的动态过程与事件。其中"我们的画面"就是机械论所预设的物质实体及其数学属性。在另一些文本中,尼采进一步把机械论规定为一种"诠释"(Auslegung、Deutung、Ausdeutung),并且通过视角主义对其进行分析:

　　　　把这个因果关联的世界诠释成一个可见的世界——一个面向眼睛的世界——这就是"运动"的概念。这个概念向我们暗示某物被移动,无论人们所假设的是一块原子,还是作为其抽象的动态原子,我们仍然假设了一个产生结果的某物——也就是说,我们还没有摆脱感官和语言诱导我们形成的习惯。主体、客体、一个行动的发出者、与行动发出者区分开来的行动本身:我们不要忘记这只是符号学,并不指称任何现实的事物。机械论作为一种关于运动的理论,本身已经是一种基于人类感官语言的诠释。

────────────

① 参见《快乐的科学》,第五卷,第373节。
② 同上。

我们需要最小的单元来进行计数:[但是]我们不能因此假设这些单元[现实地]存在。我们从"我"的概念中获得了"单元"的概念——前者是我们最古老的信念。如果我们不把自身思考为单元,我们就永远不可能创造出"物"的概念……因此,为了保留关于世界的机械论理论,我们不得不附带性说明这两个虚构物:运动的概念(来自我们的感官语言)和原子的概念＝单元(来自我们的心理学"经验")。它的前提条件是一种感觉偏见和一种心理学偏见。①

按照这段文字的描述,机械论是这样一种诠释方式:它来自感觉偏见和心理学偏见共同作用的结果,其中感觉偏见是指把感觉经验到的事物当作存在的标准,而心理学偏见是指把我们的主体单元当作客体单元的标准。人们在这两种偏见的基础上虚构了两种事物:运动和进行运动的原子。我们正是通过假设原子和原子的运动,对世界进行机械论的诠释。而且正如尼采指出的那样,机械论预设了原子及其运动,这并不意味着宇宙中现实地存在着这样的原子和运动。而机械论中涉及的感觉偏见与心理学偏见,尼采认为存在于几乎所有的人类知识当中,例如"原因"和"结果"的概念来自我们对于"自由意志"及其"行为结果"的信念,甚至"引力"和"斥力"的概念也依据于我们的主体性情感经验。

最后,尼采也和朗格一样,强调自然科学家通过机械论诠释的是一个无意义的世界。在这个世界中,一部分物质以机械的方式作用于另一部分物质,因此"存在"不具有任何价值或者意

① 参见 KSA 13 14[79]。

义。但是由于机械论建立在虚构的范畴和基础之上，它将生成世界简化为一个意识符号系统，这些符号并不直接反映任何现实世界，因此机械论所包含的价值和意义虚无同样并不直接反映我们的现实世界。如果说传统哲学目的论赋予了世界错误的意义，那么机械唯物论赋予了世界错误的无意义。在《快乐的科学》第 373 节中，尼采所使用的标题是"作为偏见的'科学'"，他表示：

> 对于世界的"科学性"诠释，像你们所理解的那样，很有可能是所有可能的世界诠释中最愚蠢的诠释之一，换言之是最缺少意义的诠释之一。我要对机械论者的耳朵和良心说这些话，他们现在热衷于冒充哲学家，并且坚持机械论是存在据以建立的最初和最终的法则，就像地基那样。但是一个本质上的机械论世界，将会是一个本质上的无意义世界！

而在其成熟思想中，尼采开始展开对以机械论为代表的科学及其客观性追求的生理—心理学分析，他反复地攻击那些追求客观性知识的科学家们，总是在不同程度上反映出他们对环境的颓废态度，以及对自身生命的否定态度。尼采讽刺科学家们是"埋头于小土堆的鼹鼠"[1]，强调他们与禁欲主义和基督教道德勾结在一起[2]。其中最典型的例子之一是尼采对进化论者的批评，他认为达尔文通过主张自然世界中普遍地存在着"生存斗

---

[1] 参见《朝霞》，田立年译，华东师范大学出版社，2007 年，第二章，第 41 节。
[2] 参见《论道德的谱系》，第三章，第 23—27 节。

争"现象,定义了一种有机体的"自我保存冲动",并且把这种有机体冲动当作生命进化的根本动力。但是尼采指出,"生存斗争"只是进化过程中的个别现象,比"自我保存冲动"更具主导性的,是"自我扩张和征服的冲动"。① 达尔文及其追随者之所以只观察到自然现象中的"生存斗争",而不是更普遍的"权力斗争",是由他们颓废的和平民化的视角所决定的。他还把这种关于"生存斗争"和"权力斗争"的区分,应用在斯宾诺莎身上。他认为,斯宾诺莎糟糕的身体情况使自我保存冲动在其思想中获得了主导性:

> 我们的现代自然科学已经与斯宾诺莎的教条彻底地纠缠在一起(最近的以及最糟的情况,正是达尔文主义及其不可思议地单向度的"生存斗争"教义),这或许是由大多数自然科学家的出身所造成的:在这方面他们属于"平民";他们的祖先是贫穷而普通的人,他们过于直接地认识到生存的困难。整个英国达尔文主义散发着英国人口拥挤的污浊空气,就像小人物困顿和拥挤的气味。②

对于尼采来说,生命的真实情况恰好相反:"就其一般层面而言,生命并不是危机或者饥饿的状态,而是丰富、奢侈,甚至是荒谬的浪费——哪里有斗争,它就是关于权力的斗争。"③

我们注意到,尼采对机械唯物论、其他自然科学理论的批评,除了依据于他的动态本体论原则,也依据于他的认识论视角

---

① 参见《快乐的科学》,第五卷,第 349 节。
② 同上。
③ 参见《偶像的黄昏》,"一个不合时宜者的远征",第 14 节。

主义理论。这种视角主义理论可以被称作一种生理—心理学分析，并且也被其他研究者称作一种人格化、约定论或者实用主义分析，它可以追溯到朗格的生理学新康德主义。① 而在绪论以及后面的章节中，我都试图说明尼采的认识论视角主义立场，主要地依据人类认识能力对于有机体而言的功能性这一生理学原则，它的根本目的不在于主张一种认识论相对主义，从而否定人类认识的可能性，而是在于提出一种自然化的认识标准与认识论辩护。按照这种自然化的认识标准，我们需要在认识到特定理论的同时，认识到这些理论的临时性、假说性、条件性、视角性。

　　具体在机械唯物论问题上，尼采对机械论的批评与其说是要取消它的合法性，倒不如说是要通过提出它的限制性、条件性、视角性，因此自然性来使它重新成为可能，它意味着我们在认识和应用机械唯物论理论的同时，也认识到它所涉及的感觉偏见和心理学偏见，认识到它潜在的虚无主义立场和对于生命的否定，认识到它的假说性和临时性，尤其是认识到它是我们关于世界的诠释之一，并且有望通过一种动态物理学理论所取代。

　　因此，尼采在不同文本和语境中对机械论的批评以及肯定，并不像我们想象得那样存在着不可调和的矛盾。事实上，机械论作为一种卓有成效的诠释路径，在尼采思想中具有重要意义：权力意志理论不可能脱离机械论历史孤立地存在，它不仅继承了机械论对于哲学唯心论和目的论的克服，而且接受机械论作为一种诠释向我们提供的丰富理论成果。

---

① 斯塔克认为按照尼采"对于科学原则和概念的约定论理解"，"科学性"不仅意味着"临时性、尝试性或者假设性"，甚至还意味着"虚构性"。参见 George J. Stack, *Lange and Nietzsche*, p. 44。

在后期笔记中,尼采甚至"把自己与机械论运动(将所有道德和美学问题还原为生理学问题,将所有生理学问题还原为化学问题,将所有化学问题还原为机械论问题)联系在一起",①因此肯定机械论中从伦理学和美学到生理学,再到化学,最后到物理学的还原论框架。显然在这个还原序列中,尼采尤其关注于将伦理学和美学现象还原为生理学现象的哲学课题。在《人性的,太人性的》中,他用瀑布来类比人类行为,从而反驳传统伦理学对于自由意志的错误信念,他表示"所有事物都是必然的,所有运动都可以通过数学来计算",以及"行为者关于自身的谎言,他关于自由—意志的假说,本身就是这个机械装置中可以被计算的一部分"。② 而在《查拉图斯特拉如是说》中,尼采进一步主张"我就是彻底的身体,此外无它;灵魂只是关于身体上某物的语词"。③ 以及在后期笔记中,他要求把"身体和生理学"而不是意识作为我们认识的起点,因为"主体直接质询自身、精神的所有自我反思,其危险在于错误地诠释自身可能对于个体实践而言是有用和重要的"。④

在另外一些文本中,尼采也暗示我们科学的真正功能在于发现我们自身、我们的视角、我们的需求和渴望。在《快乐的科学》中,他这样描述数学:

> 数学。——让我们尽可能地将数学的精密和严格引入到所有科学当中,不是因为这样做能够使我们认识事物,而

---

① 参见 KSA 1126[432]。
② 参见《人性的,太人性的》,第二章,第 106 节。
③ 参见《查拉图斯特拉如是说》,第一部分,"论身体的蔑视者"。
④ 参见 KSA 11 40[21]。

是为了确定我们人类与事物之间的关系。数学只是一种工具,它的目的在于帮助我们获得关于人的一般的和最终的知识。①

类似的表述还出现在《朝霞》第 48 节中,其标题是"'认识你自己'即科学的全部",尼采写道:

> 只有当人类获得关于所有事物的最终知识,他才能够认识自己。因为事物只是人类的边界。

综上所述,朗格和博斯科维奇对原子唯物论和机械唯物论的批评为尼采提供了重要的思想资源,其中:博斯科维奇的动态物理学为尼采提出权力意志理论中的动态性原则,进而反驳形而上学和自然化人类文化现象提供了理论支持;而朗格对于机械唯物论的反思,则为尼采对机械论进行视角主义分析,并主张认识论意义上的机械主义和物理主义提供了基础。

---

① 参见《快乐的科学》,第三卷,第 246 节。

第三章　权力斗争生理学

　　尼采对于生理学的兴趣,一方面表现为他所阅读的众多生理学与医学书籍,另一方面也表现为他在不同作品和笔记中反复提及和讨论的生理学主题。在《瞧,这个人》(1888)中,他表示大约在写作《人性的,太人性的》(1878)这部作品期间,"一种真正燃烧着的渴望掌控了我:从此以后我所追求的无非就是生理学、医学和自然科学"。①

　　如尼采自己所言,他不仅保持了对 19 世纪生理学理论的热情,更重要的是把这些生理学知识应用到关于人类精神文化现象的哲学研究当中,他认为人类在知识、道德、宗教、艺术等领域中的实践与表现,从根本上取决于且反映了他们的生理学基础。例如,尼采认为道德堕落"与生理学因素不可分离;它只不过是后者的综合症状;一个人必然地邪恶,正如一个人必然地患病"②;佛教的诚实直接地来自佛陀是一个"深刻的生理学家"③;整个基督教大厦建立在"生理学误解"④"生理学矛盾"⑤之上;以及在认识领域中,"我们的知识和感觉器官,全部都按照[有机体

---

① 参见《瞧,这个人》,"人性的,太人性的",第 3 节。
② 参见 KSA 12 14[113]。
③ 参见《瞧,这个人》,"我为何如此智慧",第 6 节。
④ 参见 KSA 13 14[168]。
⑤ 参见 KSA 12 8[3]。

自我]保存与生长的条件得到发展"①;而在艺术领域中,"现代艺术家与癔病患者在生理学上是近亲,他们把这种病态表现为人格"②;在伦理学和政治学领域中,"利他主义是利己主义的一种特殊形式,它出现在特定的生理学条件之下"③;等等。

如果我们具备更丰富的生理学知识,并且按照尼采提出的"自然化人性"的哲学任务,把这些生理学知识应用到对精神文化现象的哲学反思当中,那么,一方面,过去对各种生理学疾病——诸如营养不良——的"精神化"诠释就会停止,人们也不必再遭受这些错误诠释所导致的自我否定与自我戕害;另一方面,人类在认识、道德、美学等领域中的实践也将会被自然化和具身化,并且作为一种新的认识生理学、道德生理学、美学生理学,取代过去对这些现象的超越性和独立性诠释。正如在一条后期笔记中,尼采表示"我的任务是将那些从表面上看获得解放、实际上被去自然化的道德价值重新解释为它们的自然"。④

与此同时,尼采强调这种转变并非易事。一方面,哲学生理学家们必须"与内心中无意识的反抗进行斗争"⑤,尤其是他们所继承的传统观点要求,生理学和人类精神文化现象是完全不同的领域,它们各自拥有不同的方法与假设;另一方面,他们所从事的生理学研究却不断地敦促他们,去描述那些触发人类知识、人类道德、人类艺术的生理学基础。

在这一章中,我将说明尼采不仅反驳传统身心二元论,而且

① 参见 KSA 12 9[38]。
② 参见 KSA 13 16[89]。
③ 参见 KSA 13 14[29]。
④ 参见 KSA 12 9[86]。
⑤ 参见《善恶的彼岸》,第一章,第 23 节。

主张意识对于身体而言的功能性。在此基础上,尼采一方面强调"我就是彻底的身体,此外无他",另一方面要求我们把所有意识现象重新解释为身体现象,并且提出他的权力意志生理学。此外,我还将指出尼采的权力意志生理学完全地借鉴和延续了德国生理学家鲁克斯和罗尔夫的理论,其中包括鲁克斯提出的有机体内部竞争理论,以及罗尔夫提出的关于有机体的同化原则,从而进一步论证尼采思想中的本体论自然主义立场。

第一节　身体与生理学

按照尼采的认识论自然主义立场,哲学家们不需要从事具体的生理学研究,但是他们必须熟悉生理学领域中取得的最新进展,并且把这些研究方法及其研究结论作为哲学思考的一部分。而尼采本人对身体和生理学的讨论,一方面建立在他关于同时期生理学理论丰富的知识基础上,另一方面主要地围绕着身体与意识之间的关系,尤其是意识对于身体而言的功能性展开。

最经典的文本在《查拉图斯特拉如是说》中,尼采试图反驳哲学传统中的"身体的蔑视者",他写道:

> "我是身体和灵魂。"——一个孩子这么说。人们为什么不能像孩子一样说话?
>
> 但是启蒙者、认识者说:我是彻底的身体,此外无他;灵魂只不过是指称身体上某物的语词。①

---

① 参见《查拉图斯特拉如是说》,"身体的蔑视者"。

在我们引用的文本中,尼采不仅否定关于身体与意识的二元论立场,而且认为意识就是身体的一个部分。因此,与同时代自然科学家以及唯物论哲学家一样,尼采主张关于意识问题的唯物主义立场。正是在这个意义上,尼采自居为启蒙者和认识者,后者意味着所有接受19世纪先进自然科学理论启蒙的人。

在这两段文字之后,尼采更具体地描述了意识与身体之间的从属关系:

> 身体是一种大理性,一种具有同一意义的杂多性,一种战争与和平,一个牧群和一个牧羊人。
>
> 我的兄弟,你的小理性,你称之为"精神"的事物,也是你身体的工具,是大理性的小工具和小玩物。
>
> 你说"我",并且为此骄傲。但是比这更伟大的是你不愿意相信的事物——你的身体和它的大理性。它不说我,而是实践我。
>
> 感觉所感觉的事物,精神所认识的事物,它们本身永远没有终点。但是感觉和精神试图说服你,它们就是所有事物的终点:它们如此虚妄。
>
> 感觉和精神是工具和玩物,它们背后还存在着自身。自身通过感官的眼睛寻找,它通过精神的耳朵倾听。
>
> 自身总是倾听和寻找:它比较、强迫、征服、毁灭。它进行统治,并且是自我的统治者。
>
> 我的兄弟,在你们的思想和情感背后,站着一位强大的命令者,一位未知的智者——它被称作自身。他存在于你的身体中,他就是你的身体。

　　尽管尼采倾向于在不同文本中使用不同的概念含义,但是在这一节中,他对灵魂及其相关概念的使用是高度明确和统一的:灵魂就是意识,意识包含了感觉和精神,而精神就是理性。在这些概念的基础上,尼采提出一个对于现代自然主义者而言相对陌生的观点,即他认为过去被赋予意识的众多功能应该重新追溯到身体上,其中包括:(1)身体具有"理性";(2)身体通过"感觉"和"理性"进行寻找和倾听;(3)身体在寻找和倾听的过程中进行比较、强迫、征服、毁灭、统治、命令。在这个论述过程中,尼采向我们铺垫了他关于身体的权力意志理论,并且由此表现出活力论的倾向。

　　最早的活力论主张可以追溯到亚里士多德的灵魂学说,但是现代活力论与16、17世纪自然科学的出现与发展紧密地关联在一起。笛卡尔及其后继者认为,生命和非生命一样都可以通过机械论得到解释,它们都属于机械装置。与此相反,活力论者则认为生命与非生命之间存在着根本的区别,为了解释生命中自发性的运动、感知、生长现象,除了诉诸物理学和化学以外,还必须诉诸一种独特的"生命活力"。一方面,活力论立场在很大程度上依据于近现代生物学家的观察与实验。例如法国解剖学家泽维尔·比沙(Xavier Bichat,1771—1802)最早发现器官是一种复合体,它们由不同类型的组织所构成。比沙不仅找到21种类型的人体组织,而且通过组织的"感知性"和"伸缩性"来定义它们。正是比沙对于有机体组织的活力属性定义,使他成为一名活力论者。另一方面,生命活力的概念本身也依据于物理学和化学中被发现的一系列机械作用力的概念,诸如重力、引力、弹力、磁力、冲击力、内聚力等等。事实上,一直到19世纪中叶亥姆霍茨等人提出机械能守恒定律,因此否定自发性能量的概念之前,大多数自然科学家都对各种类型的物理学力、化学力、生物学力保持着开放的态度。

今天活力论已经被当作一种过时的理论而被彻底地抛弃了。人们倾向于把它看作一种危险的形而上学教条,主张当活力论者提出那些无法被衡量也无法被机械论认识的生命活力,他们的做法无异于"通过一种未知的事物来解释另一种未知的事物"①,因此"已经偏离了科学领域"②。这种批评方式似乎有失公允,许多活力论者是成就显著的生物学家和实验学家,他们注意到并且试图解决有机体机械论解释中存在的不足之处,尽管最终他们的主张被更具有经验说服力的机械论解释所取代。

尼采对于身体的"心灵化"描述,换言之他对于身体的权力意志描述,离不开 19 世纪生物学理论的背景,并且绝不能被当作一种形而上学教条。这是因为尼采论证身体中权力意志的方式主要依据于意识对于身体而言的工具性这一自然主义原则。具体而言,尼采认为特定感觉或者认识进入我们的意识,并不是由这些意识内容本身所决定的,而是由有机体在特定生存条件下所决定的,它们反映了有机体对外部环境做出的特定价值判断,而且最终服务于有机体的权力意志。因此,我们通过感觉和理性表象出来的寻找、倾听、比较、强迫、征服、毁灭、统治、命令等一系列意识行为,都应该追溯到有机体及其权力意志上。

在 1885 年的一条笔记中,尼采表现出更明显的活力论倾

---

① 参见 Joseph C. Keating,"The Meanings of Innate", in *Journal of the Canadian Chiropractic Association*, 2002(46), pp. 4-10。

② 在《生物学思想史》中,恩斯特·迈尔(Ernst Mayr)介绍了从早期希腊到二十世纪的生物学思想。参见 Ernst Mayr, *The Growth of Biological Thought*, Cambridge:Harvard University Press,1982, p. 52。

向,他认为有机体身体与意识之间"存在着一些类比":

> 例如,一种[有机体]记忆,它类比于我们的记忆,并且从遗传、进化、形式等现象中表露自身。一种[有机体]创造性,它类比于我们的创造性和实验,能够将工具应用于新的目的。①

在这段文字中,尼采试图将我们意识层面上的记忆、创造、实验能力引申到有机体身体层面上的记忆、创造、实验的能力。但是在提出这个假说之后,尼采迅速退回到意识与身体之间的自然关系来论证这个假说:

> 我们称之为"意识"的事物,并不负责我们自身保存和生长的根本过程;我们的大脑也没有精密到足够解释机械论以外的事物——所有有机过程远比这高级。②

与绝大多数自然主义思想家一样,尼采重申了以下观点:(1)意识从属于大脑;(2)大脑决定了认识论机械主义;(3)大脑本身是有机体在漫长的进化过程中发展出来的功能性器官,它服务于有机体的自我保存与生长。正是在这些自然主义原则之上,尼采认为传统哲学错误地赋予心灵众多远远超出它自身的能力,我们进行记忆、创造、实验,以及倾听、寻找、比较、强迫、征服、毁灭、统治、命令,这些行为真正可能的来源不是意识,而是我

---

① 参见 KSA 11 36[29]。
② 同上。

们的身体。

与此类似,尼采在另外一条笔记中写道:

> 那些通常被归于精神的事物,在我看来构成了有机体
> 的本质;而在精神的所有高级功能中,我只找到一种得到升
> 华的有机体功能(吸收、选择、分泌等)。①

如果我们孤立地看待这个段落的前半部分,就很容易误解
尼采的观点,好像他仍然主张有机体的本质是精神或者意识,因
此重新落入到某种形而上学活力论甚至唯心论立场。但是在这
个段落的后半部分中,尼采再次通过说明意识从属于身体这一
自然原则,来划清自己与一般活力论甚至唯心论的界线。因此
当他表示"那些通常被归于精神的事物,在我看来构成了有机体
的本质",他所表明的是那些通常被归于精神的行为与能力,应
该重新被归于有机体身体的行为与能力。这种对意识的身体化
和自然化诠释,不仅铺垫了尼采的权力意志生理学,而且为他批
评自由意志伦理学、重建自然化的权力意志伦理学提供了基础。
具体而言,尼采认为传统哲学错误地把自由意志,因此人类实
践、整个伦理学归为心灵的超越领域,而这种对心灵的虚妄理
解,同时为人类的自我否定和普遍沮丧埋下伏笔。为此,我们必
须把过去归于意识的自由意志和实践能力,重新诠释为有机体
身体的权力意志,从而使人类实践以及伦理学重新成为可能。

尼采对意识的自然化和功能化思考,显然对于绝大多数自
然科学家而言是陌生的。这是因为自然科学家关于世界的解释

---

① 参见 KSA 11 25[356]。

尽管从我们的意识及其感觉经验出发,但是并不把这些感觉经验包含在这个世界解释当中。正如尼采所评论的那样,"物理学解释是借助于感觉和思考的对世界的象征化,它本身永远无法解释感觉和思考的起源;相反物理学必须永远把感觉世界解释为没有感觉和目的的世界——即使最高级的人类也不例外"。①

但是这不能反驳我们对尼采生理学理论的自然主义解读。主张传统意识领域中的认识能力和实践能力具有生理学基础,并不意味着否定自然科学家取得的任何生理学研究结论,而是要在最大程度上将这些研究结论与意识问题结合在一起。事实上,尼采在 19 世纪势不可挡的自然主义背景下介入意识问题的方式,或者说他对意识问题的自然主义思考与诠释,预言了今天哲学家们在物理主义视野下研究心灵哲学问题的立场与方式。

在 1885 年的另一条笔记中,尼采对这个新的"身体"提出更完整的描述,并且强调我们通过物理主义来认识它的必要性与必然性:

> 身体和生理学作为起点:为什么?——我们正确地认识到主体统一性的本质,也就是一个共同体中的统治者们(而不是"灵魂"或者"生命力"),认识到统治者对被统治者的依赖,认识到等级秩序和劳动分工是使整体和部分成为可能的条件。同样地,我们认识到生命统一体如何持续地生成和死亡,"主体"并不永恒;斗争以命令和服从的方式展现,而对权力界限的动态评估是生命的一部分。对共同体中的个别行为甚至紊乱保持相对无知,也是统治者实践统

---

① 参见 KSA 10 24[10]。

治的条件之一。简言之,我们认识到不认识、宏观看待事物、简化和曲解、视角性的价值。最重要的是,我们认识到统治者和它的臣民是同类,它们都是感觉、意愿、思考——只要我们在身体中看到或者预测到运动,我们就学会了判断存在着一个与它相关的主体性的、不可见的生命。运动是面向眼睛的象征主义;它暗示某物已经被感觉到、被意愿、被思考。

直接向主体质询其自身、所有精神自我反思的危险在于,错误地诠释自身对于实践而言可能是有用和重要的。这就是为什么我们质询身体,并且拒绝更敏锐的感官证词:我们想看看低级部分能否自行与我们进行对话。①

在这条笔记中,尼采认为身体和生理学作为起点,为我们指向一种"主体性的生命",它们就是"感觉(Fühlen)、意愿(Wollen)、思考(Denken)",并且这些感觉、意愿、思考之间存在着统治与被统治的关系。显然,这三种最基本的意识行为,通常情况下并不会被归为身体或者生理学的范畴。而这一做法的合法性在于:意识及其"感觉、意愿、思考"从根本上起源于身体,因此它们是归属于身体的范畴,而不是独立于身体的范畴。更重要的是,尼采表明这个关于统治者和被统治者的主体理论,完全建立在同时期经验生理学的研究方法与研究结论之上。

最后我们还需要指出,尼采关于身体的权力意志理论,进一步通过动态本体论这一自然原则彻底地避开了活力论的指控。具体而言,尼采主张自然世界的连续性,否定生命和非生命之间

___
① 参见 KSA 11 40[21]。

存在着任何根本区别。例如,他认为"有机世界和无机世界"的区分"是一个偏见"①;"生命只不过是非生命的一个类型,一种非常稀罕的类型"②。以及在《善恶的彼岸》第 36 节中,他表示"方法上的良心"要求我们尽可能地只使用一种因果关系来解释所有现象。如果我们承认意志(权力意志而非自由意志)具有因果效用,那么"我们就必须尝试着把意志的因果效用,当作唯一存在的因果效用"。由此,尼采主张我们把机械论世界解释为"情感世界的原初形式,其中所有事物处于一个强大的整体中,并且仍然有待于发展和组织成为有机的过程"。在这种冲动性生命的"预备形式"中,"所有有机功能(自我调节、同化、营养、排泄、新陈代谢)仍然综合性地结合在一起"。

> 假设我们最终成功地将我们整个本能性生命,解释为某种基本意志形式的发展和分支(这种意志的基本形式,用我的话来说就是权力意志);假设我们能够将所有有机体功能都追溯到权力意志,并且发现这种意志甚至可以解决生殖和营养的问题(它们事实上是同一个问题);那么我们就有权利将所有具备因果效用的力统一地规定为:权力意志。从内部观察这个世界,按照其"理性人格"来定义和描述这个世界——它将是"权力意志",此外无他。③

权力意志如何适用于有机体以外的领域,这个问题不是我们当前讨论的重点,但是它足以反驳部分研究者对尼采思想的

---

① 参见 KSA 11 36[21]。
② 参见《快乐的科学》,第三卷,第 109 节。
③ 参见《善恶的彼岸》,第二章,第 36 节。

活力论解读或者指控。

第二节　权力意志本体论

在我们引用过的 1885 年的笔记中,尼采为了说明从身体和生理学出发来研究人类的必要性,换言之为了说明认识论自然主义立场的必要性,尼采向我们描述了人类认识所依据的生理学基础,正是这一生理学基础决定了我们通过意识及其表象来认识自身的不可靠性。在该笔记中,尼采为数不多地向我们描述了他关于人类有机体及其结构相对完整的观点。

在这一节中,我将说明尼采在上述笔记中关于有机体及其结构的生理学认识以及他所提出的权力意志生理学,主要依据于德国自然科学家鲁克斯和罗尔夫的生理学理论。

尽管尼采在自己的哲学作品和笔记中,常常对他所参考和引用的这些科学理论保持沉默,并且将更多的篇幅用作攻击他所反对的科学理论与主张上,但是这样做的目的部分在于,攻击性的修辞能够激发更多的争论与思考,而优秀的读者总是能够"读懂言外之意"。因此,我们对尼采思想的解释,绝不能因为他的沉默而对其中的自然科学基础视而不见,也绝不能停留在宽泛地认为他阅读和具备了丰富的自然科学知识,而是要指出尼采自然化人性所依据的那些具体的科学理论。

一、鲁克斯

尼采对生理学的研究,和他对物理学的研究一样,最早可以追溯到德国唯物论哲学家朗格。后者在《唯物主义历史》中不仅介绍了达尔文进化论及其相关争议,而且指出德国细胞学家和病理学家鲁道夫·魏尔肖(Rudolf Virchow,1821—1902)最早将有机体看作一个多细胞的复合体,并且把它类比为一个民主共和国,其中各个组成部分拥有平等的权利,它们因为相互依赖且存在着特定组织中心而集合在一起。与魏尔肖提出的自由主义生理学相反,另一位重要的德国生物学家和进化论者恩斯特·海克尔由于其保守的政治立场,主张细胞在植物体中形成共和制,但是在动物体中发展成为君主制———一种他认为更高级的生物体组织形式。① 与海克尔相似,尼采反驳同时期自然科学理论中普遍的"民主偏见"②,并且提出一种"身体的贵族制"③:

> 一种"细胞"之间的贵族制,其中存在着统治关系? 当然,是平等者之间的贵族制,它们共同地进行统治并且知道如何发布命令?
>
> 我的假说:主体是复合体。④

而在这个贵族制生理学理论中,尼采的基本观点主要依据于德国胚胎学家鲁克斯的生理学作品。鲁克斯不仅是海克尔的学生,而且是公认的实验胚胎学之父。他认为达尔文的自然选择理论并不足以解释有机体中各个部分之间复杂而动态的关系,并且主张把这些内部活动当作有机体进化的起点。在 1881

---

① 参见 Paul Weindling, "Theories of the Cell State in Germany", in *Biology, Medicine and Society* 1840-1940, ed. by Charles Webster, Cambridge: Cambridge University Press, 1981, p. 119;以及 Gregory Moore, *Nietzsche, Biology and Metaphor*, Cambridge: Cambridge University Press, 2006, p. 36。

② 参见《论道德的谱系》,第二章,第 12 节。

③ 参见 KSA 12 2[76]。

④ 参见 KSA 11 40[42]。

年的论文《有机体各部分之间的战争》①中,鲁克斯提出以下观点。第一,有机体中的各个部分,其中包括器官、组织、细胞甚至分子,都在持续地接受和处理刺激,并且倾向于过度生长,从而陷入为了食物和空间展开的斗争之中。第二,那些能够提高有机体环境适应能力的组成部分,倾向于在有机体的内部斗争中存活下来;而那些不能够提高有机体适应能力的组成部分,则倾向于被淘汰。这两点分别对应于达尔文在个体和物种层次上的过度繁衍、生存斗争、适者生存理论。第三,各个组成部分的发展程度,在一定程度上从属于和受制于整体的功能,它们在服务于整体的过程中,倾向于不断地形成和打破相互之间的平衡。第四,有机体及其组成结构处于持续变动的外部环境中,因此有机体内部的平衡也受制于外部环境中的刺激,并且只有当有机体表现出较强的自我组织和自我调节能力,它们才有可能在与外部环境的互动中生存下来。②

　　鲁克斯的生理学理论对尼采所产生的影响,不仅体现在尼采的"反达尔文主义"立场上,而且更直接地体现在他所论述的权力意志生理学上。首先,他和鲁克斯一样,认为有机体是一个动态复合体,其中"各个组成部分(为了食物、空间等)处于相互

---

① 参见 Wilhelm Roux, *Der Kampf der Teile im Organismus*, Leipzig: Wilhelm Engelmann, 1881。

② 米勒-劳特尔(Wolfgang Müller-Lauter)和格雷戈里·穆尔(Gregory Moore)等人对于鲁克斯和尼采之间思想的继承关系进行了更深入的讨论。参见 Wolfgang Müller-Lauter, "Der Organismus als innerer Kampf: Der Einfluß von Wilhelm Roux auf Friedrich Nietzsche", *Nietzsche-Studien* 7(1978), pp. 189-223;以及 Gregory Moore, *Nietzsche, Biology and Metaphor*, Cambridge: Cambridge University Press, 2006。

竞争的关系中"。①

其次,有机体中各个组成部分之间的斗争,建立在这些组成部分的自我组织与自我调节能力之上。尼采和鲁克斯一样,主张从分子到有机体的所有生理学结构都是自发地形成的:分子能够自我组织成为细胞,细胞能够自我组织成为更复杂的组织,而组织能够自我组织成为器官和系统。因此,有机体从最微小的层次出发,不断地形成"更大的复杂性、更明显的差异性,过渡性器官和功能让位于更成熟的器官和功能——如果这是完美,那么在有机过程中就存在着一种权力意志,那些主导性、塑造性、命令性的力量因此不断地拓展权力的边界,并且在这些边界之内进行同化"。② 反过来在个体的层面上,当我们追问"一株植物追求什么","通过假设'植物'这个拙劣的统一体,我们掩盖和否定了一种涉及数百万级个别与半个别行为的生长。[即使]最微小的'个体'也不能被理解为'形而上学个体性'和原子,它们的权力范围持续地变化着"。③

再次,尼采也和鲁克斯一样,使用一系列军事和政治术语来描述有机体内部各个组成部分之间的动态竞争关系,诸如"胜利""统治""自治"等等。只不过尼采认为这些内部斗争最终指向一种贵族式的等级制度,其中高级部分统治着低级部分,它们之间的互动关系表现为"命令"与"服从"。④ 例如在 1885 年的一条笔记中,尼采提出"'服从'和'命令'是[生命]斗争的形式":

---

① 参见 KSA 12 7[25]。
② 参见 KSA 12 78[9]。
③ 参见 KSA 13 11[111]。
④ 值得一提的是,生理学上命令和服从的动态等级秩序,构成了尼采伦理学中价值秩序和价值重估的基础。

　　"生命"应该被定义为一种持久的力量构建过程,不同竞争者相互不平等地生长着。即使在服从中也存在着抵抗;因此个别力量绝不可能屈服。同样地,在命令中也存在着一种共识,即对手的绝对权力并没有被征服、吸收、消解。"服从"和"命令"是斗争的形式。①

　　以及在其他众多笔记中,尼采表示"等级秩序通过强者的胜利、弱者与强者之间的互相依赖建立起来"②;"统治意味着承受来自较弱势力的反抗,因此是一种斗争的延续。服从同样是一种斗争:保存下来的力量仍然进行反抗"③;为了维持命令与服从的关系,命令者需要"为服从者提供它们保存自身需要的所有事物……否则,它们无法相互服务和服从"④;甚至"在更细微的情况下,[命令者和服从者的]角色必须进行暂时地互换,因此命令者也必须进行服从"。⑤

　　这种命令和服从的等级结构,一方面普遍地存在于所有有机体层次上,"即使在最微小的单元中,也必定存在着命令[以及服从],并且只有当命令被分解为众多微小的次级命令,运动才有可能发生,它起始于最末端、最微小的服从结构";⑥另一方面承担了鲁克斯关于有机体功能分化的理论,即有机体中的高级部分能够通过征服低级部分来形成更复杂的结构与功能,在这种征服过程中,细胞不断发展成组织,组织不断发展成器官,器

---

① 参见 KSA 11 36[22]。
② 参见 KSA 11 25[430]。
③ 参见 KSA 11 26[276]。
④ 参见 KSA 11 26[276]。
⑤ 参见 KSA 11 26[276]。
⑥ 参见 KSA 11 27[19]。

官不断发展成系统。"高级类型通过征服低级类型才成为可能，后者[在这个过程中]成为一个功能。"①

正是在鲁克斯的内部斗争生理学基础上，尼采发展出一个关于命令和服从的等级制有机体理论，它适用于从植物、动物到人类的所有有机体生命：

> 为了理解生命是什么，为了理解生命是什么类型的斗争和张力，这个公式必须同等适用于树木、植被、动物……所有扩张、吸收、成长都是一种清除阻碍的斗争……丛林中的树木为了什么事物相互斗争？为了"幸福"？——为了权力……②

最后，我们还需要指出：在所有次级有机体结构中，尼采尤其热衷于讨论人类所具有的认知结构，其中包括我们的大脑、意识、进入意识的所有感觉和理性。他在许多文本中强调意识是属于身体的一部分，它们由"神经和大脑的装置"所产生：

> "神经和大脑的装置"被如此精妙而"神圣"地构造出来，并不是为了产生思考、感觉、意志。在我看来，思考、感觉、意志并不需要一个"装置"来产生，而这个所谓的装置才是唯一重要的事物。③

在这段文字中，尼采指出"神经和大脑的装置"本身，相比基

---

① 参见 KSA 12 2[76]。
② 参见 KSA 13 11[111]。
③ 参见 KSA 11 37[4]。

于这种装置的有意识的思考、感觉、意愿更为根本。我们的中枢神经系统由相互作用的次级系统所构成,而这些次级系统进一步由相互作用的组织和器官所构成,组织和器官则由相互作用的细胞所构成。尼采和当代神经科学家一样,认为中枢神经系统以及大脑是一个"中心化的装置"①,并且有机体能够通过它们监测和控制来自内外部环境的信息。

在此基础上,尼采提出意识对于身体而言的工具性,他认为"意识只不过是一种'工具',而非其他——正如胃只是一种工具"②;以及"整个意识生命,这个包含了灵魂、心脏、善、德性……在内的心灵",它服务于"生命的提升"。③

二、罗尔夫

另一位深刻影响尼采权力意志生理学的学者,是德国昆虫学家罗尔夫。后者在其学术生涯中只写了一部作品,即《生物学问题》④。在这本书中,罗尔夫主张,进化论者提出的生存斗争理论并不能解释自然现象的丰富性与多样性,因此它也不可能被当作生物进化的根本动力,自然界中根本不存在某种生存冲动或者自我保存冲动。与此相反,罗尔夫提出另外一种进化机制:所有有机体都寻求自我扩张,它们通过同化和占有外部事物来实现这一目的,为了达成目的它们常常不惜牺牲自身的存在。并且,这种同化原则和同化冲动适用于从细胞到组织、器官、系

① 参见 KSA 11 27[19]。
② 参见 KSA 11 37[4]。
③ 参见 KSA 13 11[183]。
④ 参见 William Henry Rolph, *Biologische Probleme*, *zugleich als Versuch zur Entwicklung einer rationellen Ethik*, Leipzig: Engelmann, 1884。

统、个体、物种等所有层次上的有机体活动与功能。而罗尔夫提出这一生理学的目的,主要在于反驳和对抗进化论者的生存冲动概念,以及社会达尔文主义者(例如赫伯特·斯宾塞①)在此基础上构建起来的进化伦理学。

尼采在 1884 年左右阅读了罗尔夫这本书,从此以后他的笔记中就不断地出现与罗尔夫类似的概念和论证。② 首先,尼采继承了罗尔夫对于生存斗争理论的批判,即生存斗争并非有机体中的普遍现象,甚至根本不存在有机体的生存冲动或者自我保存冲动。例如尼采表示:"生命作为我们最熟悉的存在形式,是一种典型的积聚力量的意志;所有生命过程都有赖于此:没有事物想要保存自身,所有事物都渴望被增加和被积聚。"③而在另外一些文本中,尼采对于有机体的生存冲动持有相对保守的立场:

> 在把"生存本能"当作有机体主要冲动之前,生理学家们应该多加思考。一个生命体首要地渴望释放自身的力量:"生存"只是这个过程的结果。④

以及在《快乐的科学》第 349 节中:

> 自我保存的意愿象征着一种困境、一种对生命基本冲动的限制,而这种基本冲动追求权力的扩张,并且在这种意

---

① 赫伯特·斯宾塞(Herbert Spencer,1820—1903),英国哲学家和社会学家,著有《人口理论》(A Theory of Population)等。
② 参见 Gregory Moore,"Beiträge zur Quellenforschung",Nietzsche-Studien 27 (1998),pp. 535-551。
③ 参见 KSA 13 14[82]。
④ 参见 KSA 12 2[63]。

愿中经常地危及、牺牲自我……在自然中占据主导的,并不
是困境,而是几乎达到荒谬程度的充盈与浪费。生存斗争
只不过是一种例外,一种对于生命意志的暂时约束。所有
伟大或者渺小的奋斗都围绕着优越性、围绕着成长和扩张、
围绕着权力展开——按照作为生命意志的权力意志。

在这两个段落中,尼采对于罗尔夫的理论有所保留,他肯定
自我保存的冲动,只不过这种冲动象征着困顿和软弱,而不是健
康和力量。只有当有机体处于衰弱和困顿的状态中,它的注意
力才转向自我保存。"衰弱者渴望休息、放松、和平、宁静",①并
且通过它们恢复自身。另一方面,健康强壮者通常忽视自我保
存的最佳方式。他们"渴望胜利,渴望征服对手,渴望权力的感
觉蔓延到更宽广的领域"。② 以及,"有机体的所有健康功能都具
有这种需求——整个有机体就是这样一个复杂的系统,它为了
增加权力感觉而进行斗争"。③

其次,尼采完全继承了罗尔夫关于有机体生命的同化和占
有理论。例如他认为,"无法得到满足"的占有欲望,与权力意志
其实是同一回事。④ 因此,任何关于"权力意志"的讨论,都可以
被同义替换为"同化和占有"。例如:

生命……追求最大化的权力感觉;它从根本上是一种
追求更多权力的斗争;斗争无非就是追求权力的斗争;其中

---

① 参见 KSA 13 14[174]。
② 参见 KSA 13 14[174]。
③ 参见 KSA 13 14[174]。
④ 参加 KSA 12 2[76]。

最基本和最内在的事物仍然是这种意志。①

而在另一则笔记中:

> 权力意志只能通过反抗者来展示自身;因此它寻找反
> 抗自身的事物——这就是原生动物伸展触角、感受环境时
> 的原初倾向。占有和同化(Einverleibung)首先是一种征服
> 的渴望,一种塑型、造型、重新造型,直到最终被征服者彻底
> 地陷入侵犯者的权力领域,并且与之一同增长。——如果
> 这种吸收并不成功,那么它的形式就很有可能破裂;这种双
> 重性表现为权力意志的一种结果:为了不放任被征服者,权
> 力意志将自身分裂为两个意志(在某些情况下两个部分之
> 间的联系并没有完全断裂)。②

除了宽泛地谈论生命及其同化原则,尼采也在许多文本中
把这一原则应用于具体的有机体结构与功能。例如细胞分裂的
过程意味着:"当主导细胞无法组织被占有的部分,就会产生破
裂,也就是'生殖'。"③而在最简单的个体层次上:

> 人们无法把原生质中最基础的生命活动解释为一种自
> 我保存意志,因为它摄取了远比保存自我所需要的更多的

---

① 参见 KSA 13 14[82]。
② 参见 KSA 12 9[5]。
③ 参见 KSA 12 2[76]。作为生物学术语,细胞分裂是指活细胞由单个细胞分裂为
　　两个细胞的增殖过程。单细胞生物通过细胞分裂产生新的个体,而多细胞生物
　　通过细胞分裂产生新的细胞,是个体生长、发育、繁殖以及遗传的基础。

事物；最重要的是，它并不因此"保存自身"，它进行分裂——因此那种占据主导的冲动，必须能够解释在这种情况下为什么没有自我保存的欲望……①

有机体的无性繁殖是一种"衍生情况"："当个别意志不足以组织所有被占有的事物时，另一种反对意志形成力量并且释放自身，在与原初意志的斗争之后，一个新的组织中心得以形成。"②而在有机体的有性生殖中，"生殖是个体的真正成就和最高利益，是其权力的最高表达"。③ 营养摄取是"一种无法得到满足的占有欲的结果，即权力意志的结果"。④

此外，有机体中无止境的同化和占有过程也承担着自我破坏的风险，尤其是当系统的同化和占有超出了自身组织与协调的能力，随之而来的结果就是"紊乱"，对此系统只有通过自我分解来摆脱困境。尼采的许多笔记描述了这个过程："追求多样性、差异性、内部衰败的冲动越强烈，意味着当前存在着的力量也越强大"，与此相对应，"追求统一性的冲动越强烈，人们就越能够可靠地判断出虚弱"。⑤ 多样性和差异性才是权力的标志，因为占有和同化"首先是一种征服的欲望，一种塑型、造型和重新造型"。⑥ 系统从事于这种"塑型、造型和重新造型"的过程，"直到最终被征服者完全进入侵犯者的权力领域"。⑦ 但是在某

---

① 参见 KSA 13 11[121]。
② 参见 KSA 12 5[64]。
③ 参见 KSA 12 7[9]。
④ 参见 KSA 12 2[76]。
⑤ 参见 KSA 11 36[21]。
⑥ 参见 KSA 12 9[151]。
⑦ 同上。

些情况下,强者占有弱者的过程会失败,例如"当个别意志不足以组织所有被占有的事物时,另一种反对意志形成力量并且释放自身,在与原初意志的斗争之后,一个新的组织中心得以形成"。① 通过这种方式,"形式可能产生分裂;二元性作为权力意志的结果出现"。②

---

① 参见 KSA 12 5[64]。
② 参见 KSA 12 9[151]。

第四章　从目的论到功能论

在前面一章中,我们讨论了尼采的权力意志生理学及其与鲁克斯和罗尔夫生理学理论之间的延续性。在这一章,我将讨论尼采关于目的论、功能论、进化论的观点。

在第一节中,我将论述尼采对目的论的批评从属于他对一般目的概念的批评;而尼采对一般目的概念的批评,从根本上是对传统心灵论目的概念的批评,它属于尼采自然主义计划的一部分。与此同时,这一自然主义计划并不要求我们取消权力意志理论中动态的、内在的、具身的方向性与意向性。

而在第二节中,我将说明尼采除了批评目的论,事实上主张一种关于自然世界的功能论和进化论立场,对此我主要通过尼采对人类意识及其认识功能的功能论和进化论分析来证明这一点。在此基础上,我将指出尼采关于意识的功能论和进化论观点,并没有取消人类认识的有效性,因此可以被当作一种具有说服力的自然化认识理论。其次,我也将证明尼采关于意识的功能论和进化论观点,不仅能够取代传统目的论,而且可以被用来反驳同时代进化理论中的目的论倾向。最后,我们也应该回避尼采思想中的拉马克主义倾向,尤其是要通过提出其他实现机制来做到这一点。

第一节　目的与目的论

尼采在不同文本中都对目的论提出批评,例如在《快乐的科学》中,他认为"世界的全部特征……在于永恒的混沌,这不是说它缺少必然性,而是说它缺少秩序、组织、形式、美丽、智慧,以及其他任何对美学拟人论的称呼"。① 以及在笔记中,他强调目的论仍然以各种隐蔽的方式存在于人们对世界的自然化诠释中,它们反映了人类对于"神圣旨意"的古老信念:

> 思考:在多大程度上人们对于神圣旨意的信念仍然存在着——这个最麻痹人类双手与理性的信念;在多大程度上基督教前提和诠释仍然存活于"自然""进步""完美性""达尔文主义"这些公式之下,以及幸福和德性、不幸和愧疚这些迷信的关系之下。对于事物秩序、"生命"、"生命本能"的荒谬信念,以及所有人只要完成自己的职责就会获得完美的结局,这些令人舒适的顺从态度都预设了事物总是朝着好的方向发展。②

在这些隐蔽的目的论信念中,尼采尤其批评了以英国社会达尔文主义思想家斯宾塞为代表的那些主张从动物到人类的历史进步论者:

---

① 参见《快乐的科学》,第二卷,第 109 节。
② 参见 KSA 12 10[7]。

人类作为一个物种并不构成对于其他动物而言的任何进步。整个动物和植物的领域并不从某种低级的事物进化到某种高级的事物……相反，所有事物同步发展，它们处于无秩序和相互竞争的状态。①

而尼采对目的论的批评，从属于他对一般目的概念的批评。首先，尼采认为目的概念与其他理性范畴一样，是人类通过意识构造出来的心灵表象；而意识表象作为有机体中无关紧要的部分，不可能被用来辩护有机体和整个自然世界。

所有有机体生命中都存在着大量而丰富的合作与对抗，与此相比，由感觉、意图、价值判断所组成的意识世界只是极小的部分。我们没有权利主张这种意识是整个生命现象的目的和原因：拥有意识显然只是生命权力扩张的途径之一。因此，把快乐，或者精神，或者道德，或者意识领域中任何其他事物作为最高的价值——甚至通过它们来辩护"世界"，这只是一种无知。②

其次，通过把意识解释为有机体的工具，并且把有机体定义为一种权力意志，尼采提出反对目的概念的第二个理由：意识及其目的表象的功能在于简单化和图式化世界，从而服务于人类有机体权力的增长与扩张。例如在1887年的笔记中，尼采认为我们在意识中"构造出概念、物种、形式、目的、规则"，但是这些

① 参见 KSA 13 14[133]。
② 参见 KSA 12 10[137]。

构造物的意义不在于"使我们获得一个真实世界",而是在于"为我们整理出一个使我们自身存在成为可能的世界",换言之使这个世界对于我们而言变得"可计算、简单化、可理解"。①

尼采对目的概念的批评,还依据于规范性的立场。他认为,如果我们把意识为了简单化和图式化世界而虚构出来的目的表象,当作整个世界的原因与价值,那么我们不仅误解了意识表象的功能,而且通过意识表象否定了生命:

> 根本的错误在于,我们没有把意识当作生命的一种工具和特定方面,而是把它当作整个生命的标准和条件,并且赋予它最高的价值:这是一种从部分来看待整体的错误视角——这也是为什么所有哲学家都本能地设想一种整体意识,一种存在于所有生命和意志、所有事件中的意识,一种"精神",一种"上帝"。但是我们不得不告诉他们,这种做法把生命变成了野兽;"上帝"和整个感觉中枢使生命受到惩罚——当我们取消了整个意识及其所规定的目的与手段,这就是伟大的宽慰——我们不再被迫成为悲观主义者……②

除了上述批评以外,尼采最为核心的论证在于描述人们通过意识从事件中构造出"目的"的整个自然化过程,从而通过区分事件本身和对事件的目的论诠释,来反驳目的概念。

---

① 参见 KSA 12 9[144]。
② 参见 KSA 12 10[137]。

人们必须理解，一个行为永远不是由某个目的引起的；目的和途径只不过是诠释，事件中特定的点被强调和遴选出来，同时牺牲了其他占据绝对大多数的点；每一次特定事件按照特定目的被执行，真正发生的却是从根本上不同的事件；每一个具有目的性的行为，就像太阳散发的热量被假设出来的目的性：一个巨大得多的部分被浪费掉了；而一个几乎不值得一提的部分成了"目的"，并且拥有"意义"。

为什么"目的"不能是一个副现象，在主导力量的一系列变化中，产生了目的性行为——意识提前描绘出苍白的形象，从而在事件中引导我们，甚至只是作为事件的象征，而不是它们的原因？——但是由此我们也批评了意志本身：把浮现于意识中的意志行为当作原因，这难道不是幻觉？所有的意识现象难道不是纯粹的终端现象，链条上的最后一环，只不过在意识层面上表现为相互继承和相互制约？①

按照尼采的自然化定义，"目的"是从事件中产生的副现象：它或许是具有引导作用的苍白形象，也或许是事件的象征；无论如何它不可能是事件的原因。以及在其他后期笔记中，尼采强调"目的"是行为"在意识中的副现象"，一种"主观性的副现象"，一种"跟随着行为出现的肯定与否定"；一种"伴随着行为出现的价值感觉，一种权力、强迫、无力抵抗的感觉；换言之一种自由、轻松的感觉"②，"一种力量、张力、抵抗的感觉，一种肌肉的感

---

① 参见 KSA 12 7[1]。
② 参见 KSA 13 14[185]。

觉"①。

问题在于,尽管尼采对目的概念展开大量的、多层次的批评,但是他对于事件本身的权力意志描述,却也常常不经意地表现出一种目的论倾向,从而与他对目的概念的批评形成矛盾。例如,他在定义权力意志时表示,意愿意味着"意愿一个目的",而目的中"包含了一个价值判断";②"根本不存在'意愿',只存在着一种意愿某物:人们不能把目的从中抹除掉"。③"所有'目标''目的''意义',都只不过是内在于所有事件中的唯一意志的变形和表达:权力意志。拥有目的、目标、意图,一般意义上的意愿,与意愿变得更强、意愿成长是同一回事——当然还包括意愿实现它的手段。"④以及:

> 纯粹机械论意义上的"吸引力"和"排斥力"都是彻底的虚构:一个语词。我们无法想象一种摆脱了意图的吸引力。——占有某物或者抵抗某物的意志——这是我们可以理解和应用的诠释方式。⑤

而在定义依据于权力意志的自然化道德时,他认为道德意味着"给予自己目的"⑥;健康人类拥有"一种强大的意志,一种对生命的肯定,一种对支配性的需求",与此相反,虚无论者和犬儒

---

① 参见 KSA 13 14[98]。
② 参见 KSA 10 24[15]。
③ 参见 KSA 13 11[114]。
④ 参见 KSA 13 11[96]。
⑤ 参见 KSA 12 2[83]。
⑥ 参见 KSA 10 24[15]。

论者"不敢设立一个意志、一个目的、一个意义"。①

在此基础上,部分研究者认为尼采的权力意志理论并没有完全摆脱目的概念,因此与对一般目的概念的批评之间存在着矛盾,而这种矛盾进一步反映了尼采权力意志理论的不成熟性。② 但是这种解读方式既误解了尼采对目的概念和目的论理论的批评,也误解了他的权力意志理论。

首先,尼采并非宽泛地批评任何目的概念。与此相反,尼采对目的概念的批评,从根本上是对于传统心灵论目的概念的批评,后者通过意识把目的概念添加到动态事件之上,并且把这个概念当作事件的外在原因,从而固定化和图式化自然世界。因此尼采对于目的概念的批评,并不反对任何内在于动态事件中的方向性与意向性,也并不反对权力意志的方向性与意向性。

其次,正如我们在前面一章指出的那样,尼采除了主张认识论自然主义,因此接受最先进的自然科学理论,他还主张按照意识对于有机体而言的功能性,将所有意识现象解释和还原为身体现象,并且在这个过程中借鉴鲁克斯和罗尔夫的生理学观点,提出他的权力意志理论。在此基础上,尼采的权力意志理论可以被理解为一种具身化的意志理论,它的目的不在于取消所有意志概念,而是要把传统心灵论意志概念重新解释和还原为一种具身性的意志概念。而这种具身性意志完全可能内在地具有一种方向性和目的性。

---

① 参见 KSA 13 11[104],[106]等。

② 例如雷克斯·威尔申(Rex Welshon)认为:"尼采十分艰难地试图将这种应该被否定的目的概念从他的生理学和心理学观点中驱逐出去。最终,他的尝试并没有完全取得成功。"参见 Rex Welshon, *Nietzsche's Dynamic Metapsychology：This Uncanny Animal*, New York：Palgrave Macmillan, 2014, p. 57。

因此,尼采对权力意志理论也并不持有任何模棱两可,甚至相互矛盾的观点;相反他为了区分具身性意志和心灵论意志,还常常将这两者放在一起进行对比。例如在《快乐的科学》中,尼采区分了两种"行为原因",它们分别是"行为的原因"和"按照特定方式、朝着特定方向、为了特定目标所采取的行为的原因"。其中前者是"积蓄在一起等待着以某种方式为了某物释放出来的特定能量",因此是事件的内在原因和真正"推动力";而后者只是一种偶然、随机的"引导力",它们是一种"美化的借口""虚荣的自欺"。①

以及在 1887—1888 年间的一条笔记中,尼采提出用一种具身性目的概念来取代传统心灵论目的概念:

> 我所要求的是,我们从概念上去除行为者,从而在清空行为之后,重新把行为者放回到行为本身当中;我们通过人为地去除"目的""意图""目标",从而在清空行为之后,重新把做某事、把"目的""意图""目标"放回到行为本身当中。
>
> 所有"目标""目的""意义",都只不过是内在于所有事件中的唯一意志的变形和表达:权力意志。拥有目的、目标、意图,一般意义上的意愿,与意愿变得更强、意愿成长是同一回事——当然还包括意愿实现它的手段。
>
> 所有行为和意愿中最普遍、最基础的本能,正是出于这个原因成为最未知、最隐蔽的事物,因为我们在实践中总是服从它的命令,因为我们就是这种命令本身——
>
> 所有价值判断都只不过是结论和狭隘视角,它们服务

---

① 参见《快乐的科学》,第五章,第 360 节。

于同一个意志:价值判断本身只不过是这种权力意志。

从任何价值的视角出发来批判存在,都是荒谬和错误的。即使衰败以这种方式开始,这个过程仍然服务于这个意志。

称赞存在本身! 但是这种称赞本身仍然是这种存在! ——即使我们拒绝,我们仍然做我们之所是。

人们必须理解对存在的批判姿态是荒谬的,并且尝试着理解事情真相。它只是象征。①

在这条笔记开头,尼采再次批评了我们把进入意识的特定表象当作整个动态事件之目的和原因的做法,因为这些意识表象只不过是伴随着事件出现的关于权力、价值、肯定与否定的感觉。与此同时,特定表象得以进入意识,并且被当作目的、目标、价值、意义这一事实,却向我们揭示出了内在于所有事件中的权力意志。接下来,尼采把我们基于意识表象的"目的"概念,延伸到我们意识中的"价值判断""称赞""拒绝""批判"。无论我们在意识中意愿、拒绝、称赞、批判什么,我们从根本上都是权力意志,都是"意愿变得更强"和"意愿成长"。

在这条笔记中,尼采向我们展示了自然化传统心灵论的方式,它不是通过取消所有目的、意义、价值来实现的,而是通过取消心灵论目的、意义、价值,进而主张具身性目的、意义、价值来实现的。与此类似,尼采在后期笔记中写道:"我们应该避免通过精神来解释目的性:认为精神具有组织和系统化的能力,这种观点毫无依据……意识在整个适应和系统化的过程中不起任何

① 参见 KSA 13 11[96]。

作用。"①"目的性存在于最微小的事件中，即使我们最完善的认识也无法与之匹敌，一种警惕、一种选择、一种结合、一种恢复等等。"②以及"假设自然作品中的目的性，并不需要一个设立目标的主体：那么我们设立目标的行为、我们的意愿等等，是否可能只是一种符号-语言，它暗示某种完全不同，即非意愿和无意识的事物？"③

最后，尼采认为机械论无法认识到事物中的主体性，而权力意志理论能够在机械论的基础上对其进行补充。例如，他认为机械论的程序在于："尽可能地将'原因'和'目的'排除掉"，并且认为只要被给予足够时间，"任何事物都能从其他事物中演化出来"；但是机械论者只能描述而不能解释力和压力本身。④ 为此，我们必须赋予物理学中的力一种"内在意志"，它意味着"一种无法满足的、展现权力的渴望"，"一种力的运用和实践"，或者一种"创造性的力"，也就是权力意志。⑤ 此外：

> 事物拥有一种区别于解释和主体性的内在结构，这是一种懒散的假设：它预设了解释和主体性不是根本的事物，一种脱离了所有关系的事物仍然是某种事物。相反，事物外在的客观性特征：它是否只是一种主体性的程度差异？——或许变化缓慢的事物向我们表现为"客观的"持久性、存在、"物自身"——客观性只是一种错误的分类概念，

---

① 参见 KSA 13 14[144]。
② 参见 KSA 10 24[16]。
③ 同上。
④ 参见 KSA 11 36[34]。
⑤ 参见 KSA 11 36[31]。

并且是主体性内部的对立?①

第二节　功能论

在接下来这一节中,我将论证尼采对人类意识及其内容的功能论讨论不仅反驳了传统目的论,而且反驳了同时代进化理论中的目的论倾向。与此同时,我们也应该回避尼采思想中的拉马克主义倾向,尤其是通过提出其他实现机制来做到这一点。

在尼采自然化人性论的哲学任务中,他反复强调人类意识的功能性,尤其是人类在意识中形成的精神文化现象的功能性,这些精神文化现象包括了人类知识、道德、艺术、宗教等等。例如,他认为"意识的存在完全取决于意识的有用性。毫无疑问,所有感官知觉都充满了价值判断(有用和有害——因此快乐或者痛苦)。每一种颜色都向我们表达了一种价值"。② 他也认为"道德自然主义"意味着"把那些被解放出来的超自然道德价值,重新追溯到它们的'自然'中,也就是说重新追溯到它们的自然非道德性、自然'有用性'中"。③ 以及在艺术现象中,"有用的事物和状态给予我们美丽的感觉,它是一种权力感增加的感觉"。④

意识及其内容对于生命而言的功能性,在另一些文本中被具体化为生命的"生存和生长条件"。以人类认识为例,尼采认为"我们的知识器官和我们的感觉,全部都按照生存和成长的条

---

① 参见 KSA 12 9[40]。
② 参见 KSA 12 2[95]。
③ 参见 KSA 12 9[86]。
④ 参见 KSA 12 10[167]。

件得以发展"①;"我们所理解的感知,即那些被意识到的感知的总和,对于它们的意识而言有助于且本质于我们自身的整个有机体过程——因此并不是一般意义上的所有感知(例如,不包含对电子的感知);这意味着:我们只能感觉到一部分感知——那些我们为了保存自身不得不关注的感知"②。我们的真理也不例外,它"是这样一种错误:没有它,特定的生命类型就无法生存下去。对于生命而言的价值具有最终决定性"。③ 在《善恶的彼岸》中,尼采就所有人类判断提出一种收缩论观点:

> 判断的错误性对于我们来说并不必然构成对这个判断的否定。在这一点上,我们的新语言或许听起来尤为奇怪。问题在于判断在什么程度上促进生命、保存生命、保存物种,甚至培养物种。我们从根本上倾向于主张:最错误的判断(其中包括先天综合判断)对于我们来说最必不可少;如果没有接受逻辑学上的虚构,如果没有事先发明由无条件者和自身同一者共同组成的纯粹世界来衡量现实,如果没有借助于数字来持续地歪曲世界,人们就无法生存——放弃错误的判断就意味着放弃和否定生命。认识到非真理是一种生命条件——这当然意味着以一种危险的方式来抵抗我们习以为常的价值情感;冒此种风险的哲学正是出于这个原因将自身置于善恶的彼岸。④

---

① 参见 KSA 12 9[38]。
② 参见 KSA 12 2[95]。
③ 参见 KSA 11 34[253]。
④ 参见《善恶的彼岸》,第一章,第 4 节。

以及在后期笔记中：

> 论知识的多样性。追溯自身与其他众多事物的关系（或者关系类型）——这怎么可能是关于其他事物的"知识"！我们的认识方式和知识方式本身已经是存在条件的一部分；因此认为除了那种保存我们自身的理性之外，不可能存在其他类型的理性，这个结论是仓促的：这种现实的生存条件或许只是偶然的，或许绝不是必要的。我们获取知识的整个装置并不是为了"知识"本身而设计的。[①]

在此基础上，尼采认为我们最抽象的认识成就——其中包括逻辑和所有知性范畴，全部都应该被解释为有机体的生存条件：

> 逻辑学的起源。——逻辑如何在人的头脑中形成？当然来自非逻辑，它的领域必定原初地十分宽广。不计其数的存在者按照与我们不同的方式进行推理，并且走向灭亡；尽管如此，他们的方式或许更接近真理。例如，那些面对营养和敌对动物，却不知道如何尽可能地找到"相同点"的人——换言之，那些过于缓慢和审慎地归类事物的人——比起那些面对类似情况马上推测出同一性的人，他们被赋予了更低的存活可能性……
>
> 今天我们头脑中的逻辑概念和推理方式，对应于不同冲动之间的一种过程和斗争，而这些冲动如果被单独地看

---

① 参见 KSA 11 26[127]。

待都是极端不合逻辑和不公正的。我们通常只经验到这一斗争的结果,因为这个原初的机械过程发生的速度极快,它被巧妙地遮掩了起来。①

尽管尼采在他的作品和笔记中提到达尔文及其进化论时,他的态度通常是批判性的,但与此同时我们也需要强调,尼采对人类意识、基于意识的所有精神文化现象的批评与分析,全部都依据于同时代进化论者提出的有机体进化理论。正是通过论述意识对于有机体而言的功能性和条件性,尼采得以反驳传统哲学家对人类认识现象、道德现象、艺术现象的超越论和通胀论解释。这一点在尼采成熟时期的作品和笔记中尤为明显。他基本上对于哲学家关心的所有精神文化现象都提出了依据于进化论的解释,例如:数学、逻辑、范畴、感觉、知识、真理;实体、主体与客体、因果关系、自我、人格同一性、真实世界;快乐与痛苦、自由意志、道德、宗教、艺术;等等。

但是尼采对精神文化现象的进化论分析,尤其是他对人类认识现象和道德现象的收缩论分析,对于今天大多数自然主义哲学家来说似乎并不具有很强的说服力。以人类知性范畴为例,我们可以主张这些范畴的功能性不能直接证明它们的真理性,但是认为这些范畴的功能性能够直接证明它们的非真理性或者虚构性,未免过于极端。因为我们完全可以认为,那些能够更准确反映现实的范畴同时能够更有效地服务于有机体的生存与生长。因此,范畴的功能性能够直接证明它们的相对更高的真实性与真理性。事实上,绝大多数现代科学实在论者都认为,

① 参见《快乐的科学》,第二卷,第111节;以及《善恶的彼岸》,第一章,第3节。

最好的科学假设因为最具有真理性,所以也最有可能使我们在自然环境中存活下来。

　　为了辩护尼采对于范畴、所有人类知识的收缩论观点,我们必须对个别概念进行限定或者添加其他的理论前提。首先,尼采在传统形而上学的意义上使用真理概念,它意味着一种超越所有视角,或者说包含所有视角的绝对真理,尼采认为这种绝对真理的概念不仅是错误的,而且因为其不可实现性包含了对所有可能知识的否定。其次,尼采肯定关系性和视角性的知识,事实上他认为我们批判绝对真理的目的,恰好在于重新建立一种自然化的知识概念,从而把人类知识从如影随形的怀疑论质疑中拯救出来。在1888年的一条笔记中,尼采表示知性范畴“或许只是代表了特定种族与物种的生存之计”,但是“它们的有用性就是它们的‘真理’”。① 换言之,一种关系性和视角性的知识,至少意味着我们在认识到特定理论的同时,也认识到这些理论的关系性和视角性,因此同时占据奎因所谓的理论立场和理论构建过程的描述立场。

　　按照这一分析,尼采对知识的收缩论分析,并不像大多数研究者所想象的那样与自然主义或者科学实在论相去甚远。尼采不仅肯定那些包含更多视角、因此也更加全面的知识,并且主张这些知识能够有利于和服务于有机体的生命,只不过这种功能性并不体现在服务于有机体生命的自我保存上,而是体现在服务于有机体生命的自我扩张上。

　　正是在人类知识、一般人类意识所服务的具体有机体功能上,尼采与大多数自然科学产生分歧,他认为包括达尔文在内的

---

① 　参见 KSA 13 14[105]。

进化论者在他们的有机体进化理论中仍然保留着传统目的论的残余。例如,在 1885—1886 年的一条笔记中,尼采就批评了进化理论中的生存斗争原则以及这一原则所预设的有机体生存冲动,并且强调它是一种多余的目的论原则。尼采写道:

> 在把"生存本能"当作有机体主要冲动之前,生理学家们应该多加思考。一个生命体首要地渴望释放自身的力量:"生存"只是这个过程的结果。——警惕多余的目的论原则!"生存本能"就是其中之一。①

尼采提醒我们警惕"多余的目的论原则",这一主张从表面上看为其他"必要的"目的论原则保留了余地。但是正如我们前面已经说明的那样,尼采事实上否定任何目的概念的可能性,因此也否定任何目的论原则的可能性。在 1885 年的另一条笔记中,尼采指出除了生存冲动以外,进化论者使用的其他概念诸如"遗传"和"适应"等,它们既不能被当作动力因也不能被当作目的因来解释自然现象,而是只能被用来描述自然现象。

> "遗传"概念并没有得到充分解释,它不能被当作一种解释,而是只能用来描述和确定一个问题。"适应能力"的概念也一样。即使最全面的形态学理论,仍然无法解释任何事物,而是只能描述一个庞大的事实。例如,一个器官如何能够被用来实现某物,这一点并没有得到解释。在这些问题上,目的因和动力因一样都不具有解释效力。"原因"

---

① 参见 KSA 12 2[63]。

概念只是一种表达方式、描述方式，此外无他。①

此外，在 1883—1888 年的笔记中，尼采批评了进化论者对有机体器官的功能论解释，因为这些功能论不仅试图解释器官的起源，而且试图把这些器官的起源解释为某种生存冲动：

> 一个器官的功能无法解释它的起源；相反！在一种属性形成的大部分时间中，它不仅不保存个体，而且无用于个体，更不要说在个体与外部环境以及敌对者之间的斗争关系中起到什么作用。②

对此，尼采要求我们追问有机体"功能"概念背后更核心的问题，即对于什么而言的功能，或者说"对于什么而言有用"。③尼采向我们强调，功能或者"有用性"的含义，"完全取决于意图、目的，而意图、目的又完全取决于力量的程度"。④尼采认为绝大多数自然科学家在提出有机体功能论时，不仅预设了某种目的论，而且预设了这种目的论内容是有机体的生存冲动。为此，尼采在不同文本中都提出和对比了两种完全不同类型的有用性，它们分别是对于有机体自我保存而言的有用性和对于有机体权力扩张而言的有用性，并且通过把有机体权力扩张描述为一种内在过程，而不是某种外在的目的因或者动力因。尼采彻底地摆脱了目的论。在基础上，尼采进一步把自我保存现象描述为

---

① 参见 KSA 11 36[28]。
② 参见 KSA 12 7[25]。
③ 同上。
④ 参见 KSA 12 9[71]。

有机体权力扩张过程的自然结果,因此推翻了生存斗争理论及其目的论前提。

例如,在个别笔记中,尼采区分了两种"有用性":

> 对于加快进化节奏而言的"有用性",不同于对于进化者最高稳定性和持久性而言的"有用性"。①

以及:

> 对个体生命长度有用的事物,可能不利于它的力量与成就;保存个体的事物可能同时阻碍它的进化。另一方面,一种缺陷、一种衰落,可能通过刺激其他器官而具有最高的有用性;同样的,一种匮乏状态可能是生存条件,因为它将有机体的耗能降低到刚好保持它又避免浪费的程度。②

还有在《偶像的黄昏》中:

> 反对达尔文。至于最出名的"生存斗争",到目前为止,它对于我来说只是一种主张而没有得到证明。它发生,但是是作为一种例外;完整的生命不是困境,不是饥饿,而是丰富、慷慨,甚至是荒谬的浪费——那里存在着斗争,人们

---

① 参见 KSA 12 7[9]。
② 参见 KSA 12 7[25]。

就是为了权力而斗争……人们不应该把马尔萨斯误解为
自然。①

在《快乐的科学》中尼采也表达了类似的观点：

> 意愿保存自身表达了一种困境，一种对于真正的生命
> 基本冲动的限制，这种冲动不仅追求权力的扩张，而且在这
> 种追求中不断地危及甚至牺牲自我保存……生存斗争只是
> 一种例外，一种对于生命意志的临时限制；大大小小的斗争
> 总是围绕着优越性、围绕着生长和扩张、围绕着权力展开，
> 它们依据于权力意志，而权力意志就是生命的意志。②

而在《查拉图斯特拉如是说》中，尼采通过查拉图斯特拉这
个角色说出了一个生命的秘密：

> 确实，那个说出"存在意志（Willen zum Dasein）"的人
> 并没有抓住真理：这种意志——并不存在！
> 因为，不存在的事物不可能进行意愿；而存在的事物，
> 怎么可能仍然意愿存在！
> 只有存在生命的地方同时存在着意志：不是意愿生命

---

① 参见《偶像的黄昏》，"一个不合时宜者的远征"，第14节。托马斯·罗伯特·马
尔萨斯（Thomas Robert Malthus，1766—1834）是英国经济学家，著有《人口原
理》（1798）。他认为，人类与其他动物的区别在于人的生存能力和增加生存手
段的能力；如果不通过道德手段进行限制，人口增长速率将完全超出生活资源
的增长速率。达尔文自称"生存斗争"的思想受到马尔萨斯的启迪。
② 参见《快乐的科学》，第五卷，第349节。

的意志——我这样教导你——而是权力意志！①

在生存冲动和权力冲动的对立之上，尼采提出有机体被动性和主动性之间的对立。在他看来，进化论的不完整性和不全面性，体现了进化论者本身被动性的而不是主动性的生命意志，他们强调外部环境对有机体的影响，但是忽视了有机体的内部主动性。达尔文的进化论"宁可妥协于所有事件的彻底偶然性，甚至机械论的普遍无意义性，也不愿意承认权力意志存在于所有事件中"。② 他把这种偏好称作"民主特质"，并且表示这种特质已经"主导了所有的生理学和生命理论——毫无疑问有害于生命，因为它取消了一个根本概念，即活动的概念"。③ 进化论的根本被动性是不可避免的：

> 相反，人们把"适应"放在首位，也就是说，一种二等活动，一种单纯的被动性；确实，生命本身被定义为一种越来越高效的对于外部条件的适应（赫伯特·斯宾塞）。因此生命的本质——它的权力意志——被忽视了；人们忽略自发的、攻击性的、扩张的、赋予形式的力量，这种力量能够给予新的诠释和方向，并且具有本质上的优先性。④

权力意志理论和生存斗争理论的根本分歧在于：进化论把有机体的生理过程解释为对外部环境的单纯适应性活动；它因

---

① 参见《查拉图斯特拉如是说》，第二部分，"论自我超越"。
② 参见《论道德的谱系》，第二章，第 12 节。
③ 同上。
④ 同上。

此忽视了"生命的本质",也就是有机体进行攻击、同化、赋予形式的力量,它们能够像外部环境塑造自身那样,重新塑造外部环境。

尼采主张有机体并不是单纯被动的繁衍工具,而是生物、社会、文化环境中的主动性主体。他对于达尔文进化论的补充——权力意志假说——认为有机体和它们的外部环境具有相互作用的因果关系。因此,对于有机体行为的任何解释,都必须涉及有机体的内部环境。当有机体按照生物、社会,甚至文化环境调整自身,或者将自身需求强加于生物、社会、文化环境时,在其中发挥作用的就是权力意志。在一条后期笔记中,尼采表示:"生命不是内部环境对于外部环境的适应,而是权力意志从内部发挥作用,吸收和降服越来越多来自'外部'的事物。"①

尼采对达尔文进化论中被动性的批评,以及他关于主动性权力意志的主张,不可避免地表现出一种拉马克主义倾向。② 拉马克主张有机体器官的用进废退和获得性遗传。其中用进废退原则认为,经常被使用的器官会越来越发达,而不被使用的器官则会逐渐退化;获得性遗传原则认为,后天获得的性状能够被遗传下去。一直到 20 世纪人们揭示出遗传的物质基础,拉马克主义才被彻底否定。需要指出的是,在尼采停止写作之前,孟德尔关于基因遗传机制的发现只拥有很小一部分读者。即使是对拉马克观点造成巨大冲击的达尔文,也在他的《物种起源》中为用

---

① 参见 KSA 12 7[9]。

② 19 世纪由法国生物学家拉马克所提出的生物进化理论,曾经在历史上产生重大影响。他肯定外部环境对于物种变化的影响,并且提出两个最有名的进化原则,即"用进废退"和"获得性遗传"。近年来兴起的表观遗传学研究则使人们重新思考拉马克主义的理论意义。

进废退和获得性遗传保留了余地。①

在一条后期笔记中,尼采描述了器官和功能按照权力意志形成的过程,因此表现为彻底的拉马克主义者:

> 更大的复杂性,更尖锐的差异,随着过渡性器官和功能的消失,成熟的器官和功能形成——如果这就是完善,那么在有机过程中存在着一个权力意志,由此主导性的、塑造性的、命令性的力量持续地延伸权力的界限,并且在这些界限内进行简化:命令增长。②

但是对尼采思想中拉马克主义倾向的批评,并不影响权力意志理论在遗传领域以外的可应用性。并且只要我们能够为权力意志找到其他实现机制,尼采思想中的拉马克主义倾向就是完全可以被回避的。权力意志作为心理学范畴,并不要求拉马克理论的正确性。只要我们能够为权力意志理论提出其他的实现机制,就可以证明拉马克主义机械论是多余的。一个最明显的例子:

> 通过与持久而艰难的条件进行长期抗争,一个物种形成,一种类型变得稳定而强壮。我们从养育者的经验中认识到,那些被赋予丰富营养和额外关照的物种,最强烈地趋向于种类差异,并且最丰富地产生奇迹和猛兽般的事物(包括了野兽般的恶)。

---

① 参见达尔文:《物种起源》,苗德岁译,译林出版社,2016 年。
② 参见 KSA 12 7[9]。

现在让我们回顾一下贵族制国家——也就是古希腊城邦或者威尼斯——它们作为一种无论自觉还是不自觉地以养育为目的的制度：人类聚集在一起，依赖于自身，并且希望自身的物种获得优势，主要因为他们不得不争取优势或者承担被灭绝的可怕风险……复杂的经验教导他们，哪些品质使他们在所有上帝和人类中间存活下来，并且一直取得胜利；他们把这些品质称作德性，他们培养这些德性。他们的做法非常强硬，他们确实需要强硬；任何贵族道德的容忍度都很低——在青年教育、妇女安排、婚姻习俗、代际关系、刑事法规（只处理离经叛道者）——他们把低容忍度本身当作一种德性，称之为"正义"。

通过这种方式，拥有少数极为强大的特质的类型——严格、好战、审慎而不苟言笑者的类型，他们沉默寡言并且紧密地联系在一起（因此对社群的魅力和精妙之处拥有最为细致的情感），他们超越了变化更迭的代际；与持久而艰难的条件的长期抗争，正如前面提到的那样，正是使一个类型稳固和强硬的原因。①

许多研究者们通过上述文本来讨论尼采思想与拉马克主义之间的关系，其中包括他是否认同获得性遗传表现型，以及他是否主张通过获得性遗传表现型来培养个体。但与此同时，我们也可以避免通过获得性遗传原则来解释这些段落。尽管对拥有特定基因遗传表现型的人群进行培养，更有可能获得拥有这种基因遗传表现型的后代。但是单纯通过培养特定基因个体来增

① 参见《善恶的彼岸》，第九章，第 262 节。

加基因遗传表现型的表达,并不能成功地创造出一个贵族阶级:
这种培养还需要配合特定的教育方式、社会秩序、刑罚系统。这
些社会和文化制度通过持续地提供特定的社会和文化环境,来
影响和塑造基因型的表达。

第五章　实证主义

尼采在不同文本中对自然科学理论的批评，被大部分研究者用来反驳对尼采思想的自然主义诠释。例如在《善恶的彼岸》第14节中，尼采写道：

> 大概只有五六个头脑认识到，物理学也只是对世界的翻译和诠释（为了适用于我们，如果我可以这么说的话！），而不是一个世界-解释；但是因为它依据于对于感觉的信念，它被看得更高，并且将会在很长一段时间内被看得更高——也就是说被看作解释。①

对此，毛德玛利·克拉克（Maudemarie Clark）认为尼采的自然科学批评只代表了他思想发展中的一个阶段。在这个早期阶段中，尼采主张一种主观唯心论和认识"曲解理论"（falsification thesis），即他认为"知识具有曲解性，因为他相信所有知识都具有经验性，并且他接受康德认为经验性知识并不符合事物本身的主张"。② 而在《快乐的科学》（1882）和《善恶的彼岸》（1886）中，尼采意识到"事物本身"这个概念的不合理性，并

---

① 参见《善恶的彼岸》，第一章，第14节。
② 参见 Maudemarie Clark and David Dudrick，"Nietzsche's Post-Positivism"，*European Journal of Philosophy*，2009（3），p. 369。

且从《论道德的谱系》(1887)开始彻底地抛弃了认识曲解理论，从而转向他的认识论经验主义立场。纳迪姆·侯赛因(Nadeem Hussain)同样主张尼采思想中的认识论经验主义，但是他反驳克拉克对尼采思想阶段的区分，并且试图通过《偶像的黄昏》(1889)中关于人类认识的六阶段理论来说明，尼采从始至终都是一位马赫实证主义者。①

在这一章中，我将证明尼采的认识论思想确实发生了一个转变，只不过是从认识论经验主义转向了认识论视角主义。具体而言，尼采从《人性的，太人性的》(1878)这部作品开始，就已经主张一种彻底的认识论经验主义，他认为理性及其范畴具有"曲解性"，并且把实体概念和自由意志概念当作最为核心的理性范畴进行批评。而在《快乐的科学》(1882)中，尼采开始提出人类意识及其内容对于有机体而言的随附性和功能性主张，因此逐渐地把对理性范畴的批评，延伸到对人类意识及其内容的反思，并且提出一种关于人类意识(其中包括感觉经验和理性范畴)及其认识能力的视角主义理论。这一点同时表现为尼采从对哲学家及其理性范畴的批评，逐渐延伸到对感觉经验、依据于感觉经验的自然科学理论及其客观性主张的反思。但是，视角主义理论作为一种进化认识论，并没有否定我们通过感觉经验来获取和证实知识的可靠性，也并没有取消自然科学研究方法和研究结论的有效性，它只是要求我们在通过感觉经验来获取

---

① 参见 Nadeem Hussain, " Nietzsche's Positivism ", *European Journal of Philosophy*, 2004 (3), p. 327. 在这篇论文中，侯赛因同样对曲解理论做出了定义，他认为我们可以把曲解理论分解为以下三个命题："(i)命题是否具有真理性，取决于它是否符合事物本身；(ii)但是语言只涉及我们的表象，并不涉及心灵表象以外的康德式事物本身；(iii)'由于我们无法谈论事物本身，我们的语言表达也就无法符合这些事物本身'，因此它们不可能是真的。"

经验性知识的同时,认识到这些经验性知识的条件性和视角性,因此事实上为认识论经验主义提出了一种自然化的要求与辩护。

在第一节中,我主要论述尼采从《人性的,太人性的》到《偶像的黄昏》这部晚期作品,从始至终都保持着认识论经验主义和实证主义立场。而在第二节中,我主要讨论尼采从认识论经验主义转向认识论视角主义的过程,并且说明尼采为了坚持和辩护他的经验主义和实证主义立场,要求我们把感觉经验和自然科学理论作为规范性的而不是解释性的原则。

第一节　真实世界与实证主义

19世纪法国哲学家孔德(Auguste Comte,1798—1857)最早提出"实证主义"的概念。在《实证哲学教程》这部作品中,他按照19世纪流行的宏观历史叙事,提出人类认识经历了"三个不同的理论状态:神学或者虚构的状态,形而上学或者抽象的状态,以及科学或者实证的状态"。① 在神学阶段,人类精神按照超自然主体及其神圣意图来解释现象世界的最初原因与最终目的;而在过渡性的形而上学阶段,超自然主体被抽象的形而上学实体所取代,人们按照这些抽象实体来解释现象世界的最初原因与最终目的;最后在实证阶段,人们意识到获取绝对真理的不可能性,因此放弃了对最初原因和最终目的的追问,取而代之的是人们在不同科学领域中通过观察和推理来发现现象世界中的规

① 参见 Auguste Comte, *Introduction to Positive Philosophy*, trans. by F. Ferré, Indianapolis and New York: The Bobbs-Merrill Company, 1970, p. 1。

律,尤其是现象世界"在连续性和相似性上的不变关系"。① 并且在这个阶段中,"即使我们的实证解释已经达到最为全面的状态,我们也不会主张自己已经解释了现象的真正原因"。②

实证主义者对待科学的积极态度,进一步决定了他们的认识论经验主义立场,而认识论经验主义意味着主张所有知识都来自我们的感觉经验而不是我们的理性。按照知识从信念③中形成的过程,我们可以把经验主义分解为以下三个命题:

命题1:所有信念都直接地或者最终地产生于感觉经验。

命题2:所有信念都直接地或者最终地通过感觉经验得到验证。

命题3:所有知识都必须满足命题1和命题2。

如果我们用人类认识三阶段理论来概括孔德的实证主义思想,那么尼采首先是一位孔德的追随者:他不仅继承了孔德对形而上学和科学的区分,主张感觉经验是我们获取知识的可靠来源,而且像孔德一样将形而上学追溯到其神学起源中进行批评。在《偶像的黄昏》中,尼采提供了一个经典的文本证据。在标题为"'真实世界'如何最终成为一个传说"这一章中,他不仅提到实证主义,而且发展了孔德的三阶段理论。具体而言,尼采认为人类认识从神学阶段发展到形而上学阶段,进而发展到实证主义阶段,并且最终发展到自由精神阶段和查拉图斯特拉阶段。

---

① 参见 Auguste Comte, *Introduction to Positive Philosophy*, p. 2。

② 同上,p. 8。

③ "信念"是指我们对某物接受性的态度。它不需要涉及对信念的主动性反思,也不暗示任何不确定性。心灵最基本和最重要的特征之一就在于形成信念,它在心灵哲学和认识论中占据着关键的地位。作为心灵哲学讨论核心的身心问题,可以被描述为身体性有机体如何产生和拥有信念的问题,而认识论围绕着我们的信念如何得到验证或者如何成为知识的问题。

1. 真实世界——对于智者、虔诚者、有美德者而言是可实现的——他生活于其中，他就是真实世界。

（最古老的理念形式，相对合理、简单、具有说服力。这个命题相当于："我，柏拉图，就是真理。"）

2. 真实世界——当下无法被实现，但是被承诺给智者、虔诚者、有美德者（"忏悔的罪人"）。

（理念的进步：它变得更精致、更隐蔽、更难以理解——它变成了一位女性，它变成了基督教徒……）

3. 真实世界——无法被实现、无法被解释、不可能被承诺，但是对于它的思考——是一种安慰、一种责任、一种命令。

（从根本上来说，仍然是同样的一轮太阳，只是透过迷雾和怀疑主义照射出来；理念变得崇高、苍白、北方式、哥尼斯堡式。）

4. 真实世界——无法被实现？无论如何尚未被实现。如果尚未被实现，也就尚未被认识。因此不是安慰、不是救赎、不是责任：我们怎么可能对尚未被认识的某物背负责任？

（灰色的清晨。理性打出第一个哈欠。实证主义的鸡鸣。）

5. "真实世界"——一个不再有任何用处的理念，甚至不再是责任——一个变得无用、多余，因此被反驳的理念：让我们取消它！

（光天化日；早餐；快乐和常识的回归；柏拉图因为羞愧而脸红；所有自由精神肆意奔跑。）

6. 我们已经取消了真实世界：还剩下什么世界？或许

是表象世界？不！取消真实世界的同时，我们也取消了表象世界。

（正午；阴影最简短的时刻；最持久的错误的终结；人性的高点；查拉图斯特拉由此开始。）

在"真实世界"逐渐成为神话的历史过程中，阶段1、阶段2、阶段3分别对应于柏拉图哲学、基督教神学、康德形而上学，阶段4对应于孔德的实证主义哲学，阶段5、阶段6分别对应于尼采提出的自由精神阶段和查拉图斯特拉阶段。

在阶段1和阶段2中，尼采通过"智者""虔诚者""有美德者"三个形象向我们表明，真实世界意味着真理、上帝、美德。

在阶段3中，尼采认为康德正确地指出真实世界"无法被实现、无法被解释、不可能被承诺"，但是错误地主张真实世界仍然可以被思考，并且可以被当作"安慰""责任""命令"。

而在《纯粹理性批判》中，康德主张我们无法按照直观形式来感觉、也无法按照知性范畴来认识本体世界。但是如果没有本体世界，"我们将会得出一个荒谬的结论，即存在着现象而没有现象背后的显现者"，[①]并且因此落入贝克莱的经验唯心论。更重要的是，如果没有本体世界，我们就无法为人类道德主体及其道德实践提供任何基础。换言之，康德认为真实世界无法被经验到，但是我们可以按照理性推理出它的存在，并且把它当作道德命令。

阶段4和阶段5分别论述了实证主义阶段和自由精神阶段，我们可以把它们简单地分解为以下三个论证：

———————————

① 参见康德：《纯粹理性批判》，邓晓芒译，人民出版社，2004年，Bxxvii。

论证 1:真实世界尚未被实现,因此它尚未被认识。

论证 2:真实世界尚未被认识,因此它不能被当作安慰、责任、命令。

论证 3:真实世界无法被使用,因此它可以被取消。

如果我们按照字面意思对其进行理解,尼采的论证方式显然过于笼统:我们并不需要首先实现某物,才有可能认识它;我们也不可能因为尚未认识某物,就认为无法使用它;最后,我们更不可能因为无法使用某物,就认为它不存在。由于我们已经指出阶段 4 的目的在于反驳康德,因此上述论证可以按照我们对康德的解释得到完善:

论证 1′:真实世界尚未被经验到,因此它的存在尚未被认识到。

论证 2′:真实世界的存在尚未被认识,因此它不能被当作安慰、责任、命令。

论证 3′:真实世界不能被当作安慰、责任、命令,因此它可以被取消。

在论证 1′中,尼采否定了康德通过理性论证来辩护真实世界及其存在的可行性,并且主张按照认识论经验主义立场,把感觉经验作为判断真实世界是否存在的唯一可靠标准。这同时使论证 2′具有了合理性,尼采在《人性的,太人性的》中表达了类似的观点:

> ……形而上学世界的可能性仍然存在着;但是我们无法对它做出任何举动,更不要说将幸福、救赎、生命悬挂在这种缥缈的可能性之网上。——因为我们无法对形而上学世界做出任何断言,除了他者性,一种我们无法接近也无法

想象的他者性；它将是一种只具有消极属性的事物。——
即使这样一个世界的存在没有得到很好的阐释，关于它的
任何知识仍然是所有知识中最无关紧要的：甚至比水的化
学结构知识对于受到风暴威胁的水手而言更无关紧要。①

并且一直到《偶像的黄昏》这部作品，尼采也没有改变他的
实证主义和经验主义认识论立场。正如在"哲学中的'理性'"这
一章中，尼采猛烈地攻击了哲学家对感觉经验的偏见：

> 我们的感官是多么优秀的观察工具！以鼻子为例——
> 哲学家从未带着尊敬和感激来谈论鼻子，尽管它是我们所
> 拥有的最为敏锐的工具：鼻子能够侦查到即使分光镜也无
> 法注意到的运动变化。今天我们拥有科学的程度，正是我
> 们决定接受感觉证据的程度——我们学会磨砺和装备它
> 们，并且彻底思考它们的程度。②

与此同时，尼采在"哲学中的'理性'"这一章中的其他文本，
向我们揭示了人类认识在阶段 5 和阶段 6 所经历的变化：它们
一方面建立在实证主义的基础之上，另一方面试图更加彻底地
反驳真实世界及其存在，因此事实上为实证主义及其认识论经
验主义立场提供了更加无可置疑的辩护。具体而言，尼采不仅
主张感觉经验在获取和证实知识中的可靠性，而且更重要的是
反驳了人们通过理性来获取知识的合法性，因此通过把理性和

① 参见《人性的，太人性的》，第一章，第 9 节。
② 参见《偶像的黄昏》，"哲学中的'理性'"，第 3 节。

理性范畴贬低为谎言，尼采颠倒了感觉和理性的认识论地位。在这一章的第 1 节中，尼采写道：

> 你想知道哲学家的特性是什么？……他们缺少历史感，他们憎恶生成概念，他们的埃及性。他们认为从永恒的角度去历史化某物，把它变成木乃伊，就是对它表达尊重。几千年来，哲学家都在使用木乃伊化的概念；任何活生生的事物都无法存活于他们的双手。①

以及在接下来的第 2 节中：

> 当所有其他哲学家因为感觉证据表现出多重性和变化性而抛弃它，赫拉克利特因为感觉证据使事物表现出永恒性和统一性而抛弃它。赫拉克利特同样有失公允。感觉并不像埃利亚派或者赫拉克利特所想的那样具有欺骗性——它们根本不欺骗我们。我们对于感觉证据的所作所为，才是谎言开始之源，例如统一性的谎言、客观性的谎言、实体的谎言、永恒性的谎言……"理性"使我们歪曲感觉证据。当感觉表现出生成、逝去、变化……它们并没有撒谎。但是赫拉克利特想对了一点，即存在只是一个空洞的虚构。"表象"世界是唯一的世界："真实世界"只不过是添加在上面的一个谎言……②

---

① 参见《偶像的黄昏》，"哲学中的'理性'"，第 1 节。
② 同上，第 2 节。

在这两个段落中,尼采向我们表明:(1)真实世界是理性构造出来的事物;(2)真实世界被哲学家用来否定我们的感觉和生成世界。这两点解释了尼采在阶段 5 中对于真实世界及其存在的功能论立场,即真实世界如果不能被当作安慰、责任、命令,那么它就是多余的和可以被取消的。为了使这个论证成立,我们只需要补充以下论证前提:(1)真实世界是理性构造出来的事物;(2)真实世界可以被用来否定感觉和生成世界;(3)人们具有否定感觉和生成世界的生理—心理学需求,因此他们把真实世界当作安慰、责任、命令。

更重要的是,这些文本也向我们解释了阶段 5 和阶段 6 中尼采思想与实证主义之间的区别,即他认为实证主义者仍然接受康德对真实世界和现象世界的区分,他们尽管放弃了对真实世界的思考,但是并没有真正地反驳真实世界及其存在,因此也并没有展开对理性及其范畴的彻底经验主义分析。

而尼采对理性范畴、真实世界的经验主义分析与反驳,最早可以追溯到《人性的,太人性的》这部作品。例如在第一章第 10节中,他认为"我们关于世界的概念为何如此不同于它被揭示出来的样子,这个问题将会被一种关于有机体及其概念的演化历史和生理学所取代"。以及在第 18 节中,他表示逻辑来自判断,而判断的本质是信念,信念则是主体感觉经验到的快乐或者痛苦的感觉:

> 逻辑的最初阶段是判断,而按照最优秀的逻辑学家的说法,判断的本质是信念。信念从根本上是主体作为感觉经验者所经验到的快乐或者痛苦的感觉。从两个先在的感觉中可以产生第三个、新的感觉,它就是最低级形式的判

断。——在我们的原始状态中,任何事物中能够引起我们有机体兴趣的,是它与我们在快乐和痛苦方面的关系。在我们意识到这种关系的时刻之间,换言之在对于感觉的意识状态之间,存在着那些休憩的、非感觉的状态:世界和所有事物不再使我们产生兴趣,我们观察不到任何变化(正如任何人如果集中注意力在某事上,就不会注意到从他身边走过的某人)……①

此外,尼采也向我们表明,他对真实世界或者说形而上学世界的批评,主要围绕着"实体"和"自由意志"这两个范畴展开。同样在第 18 节中,尼采表示:

> 对于自由意志的信念,是所有有机体犯下的最原始的错误,它和逻辑冲动一样古老;对于无条件实体以及相同事物的信念,同样是所有有机体犯下的原始而古老的错误。所有形而上学主要地与实体和自由意志相关,人们或许可以把它称之为处理人类根本错误的科学——只不过把它们当作根本真理。②

其中自由意志意味着无视"上帝、世界、祖先、偶然、社会"的影响,只把自身孤立地当作所有行为或者事件的原因。③ 并且尼采认为实体概念事实上从主体的自由意志概念中发展出来:"实体的概念来自主体的概念:而不是反过来! 如果我们取消了灵

---

① 参见《人性的,太人性的》,第一章,第 18 节。
② 同上。
③ 参见《善恶的彼岸》,第一章,第 21 节。

魂这个'主体',那么'实体'的前提条件也消失了……"①而实体概念进一步等同于"物自体"概念。

在 1885—1886 年间的一条笔记中,尼采指出物自体的概念毫无意义,因为事物除了构成它的关系、属性、活动之外,不包含任何其他东西。当关系、属性、活动被抽离以后,根本没有事物本身保留下来。而物自体所假设的恰好是关系、属性、活动被抽离以后留下来的东西,因此物自体的概念毫无意义。

> "物自体"是一派胡言。如果我们从思想中消除某物的所有关系、所有"属性"(Eigenschaften)、所有"活动"(Tätigkeiten),那么这个事物也无法保留下来:因为物性只是我们发明的事物,它来自逻辑的需求,服务于定义和沟通的目的(将关系、性质、活动的多元性结合在一起)。②

在不同作品和笔记中,尼采也对康德和笛卡尔提出的知识标准进行了经验主义分析与批评。例如在 1883—1888 年的一条笔记中,尼采批评康德的知识概念,即具有普遍有效性和必然有效性的综合判断。康德指出普遍有效性和必然有效性不可能来自我们的经验,而是只能来自我们的理性及其构造。对此,尼采反驳道:"问题在于,我们根据什么理由相信这些主张具有真理性?"而他的回答是:"一个信念的起源,一个坚定信念的起源,是一个心理学问题:极度狭隘和有限的经验通常产生了这样的信念!它预设了不仅存在着'后天数据',而且存在着'先于经

---

① 参见 KSA 12 10[19]。
② 参见 KSA 12 10[202]。

验'的先天数据。必然性和普遍性永远不可能通过经验被给予：但是我们凭什么认为它们在经验不在场的情况下仍然存在？"①以及在 1887 年的笔记中，尼采认为基于自明性的知识证实理论是一种"粗鄙的混乱"。② 笛卡尔把理性当作最高的权威，因此忽略了理性只是一种工具。③

此外，尼采也对逻辑形式进行大量的经验主义诠释，例如"我们无法既肯定又否定同一事物：这是一个主观经验法则，它表达了一种无能而不是任何'必然性'"。④

第二节　视角主义和规范性原则

在《人性的，太人性的》第 9 节中，尼采提出一个非常有趣的思想实验：

> 确实可能存在着一个形而上学世界；它的绝对可能性很难被反驳。我们通过人类的头脑观察所有事物，而且无法把这个脑袋砍下来；但是这确实是一个问题，假设人们把它砍下来，世界的哪一个部分仍然能够保留下来。这是一个纯粹的科学问题，它还没有得到足够重视来使人们感到困扰……⑤

① 参见 KSA12 7[4]。
② 参见 KSA 12 9[91]。
③ 参见《善恶的彼岸》，第四章，第 191 节。
④ 参见 KSA 12 9[97]。
⑤ 参见《人性的，太人性的》，第一章，第 9 节。

　　在这个思想实验中,尼采向我们表明:形而上学世界是我们大脑思考的结果,因此完全从属于我们的头脑;而人类大脑在整个世界、整个宇宙中只不过是极其渺小,甚至可以忽略不计的部分。但是通过这种论证方式,尼采除了批评形而上学世界,同时批评了我们的整个意识世界及其被赋予的认识功能,其中不仅包括我们的理性及其范畴,而且包括了进入我们意识的全部感觉经验。

　　与此类似,在我们前面引用过的第 18 节中,尼采写道:

　　　　在我们意识到这种关系的时刻之间,换言之在对于感觉的意识状态之间,存在着那些休憩的、非感觉的状态:世界和所有事物不再使我们产生兴趣,我们观察不到任何变化(正如任何人如果集中注意力在某事上,就不会注意到从他身边走过的某人)……①

在这段文字中,尼采不仅肯定感觉经验,而且肯定非感觉经验状态在我们认识中起到的作用。这种非感觉经验或者说休憩的状态,向我们暗示了感觉经验的条件性和视角性,并且指向有机体自我保存与生长的条件,因此事实上已经铺垫了尼采依据于权力意志生理学的认识论视角主义立场。

　　但是一直到写作《快乐的科学》这部作品时,尼采才开始自觉地提出他的认识论视角主义理论,并且我们可以明显地看出,尼采的认识论视角主义是通过反思意识对于有机体而言的随附性与功能性展开的。正是在这本书中,尼采首次提出对意识及

---

① 　参见《人性的,太人性的》,第一章,第 18 节。

其内容的功能论分析。在第 11 节中，尼采表示"意识是有机体中最新演化出来的事物，因此也是有机体最粗糙和最不完善的属性"。而在第 354 节中，尼采指出了意识的交流功能：

> 我们能够思考、感觉、意愿、记忆、"行动"，但是它们全部都不需要"进入我们的意识"。生命并不是只有通过一面镜子来观察自己才有可能继续下去；即使到今天，我们生命的主导性部分也并不依赖于这种镜像观察……既然意识从根本上是多余的，那么它存在的目的究竟是什么？如果人们愿意倾听我的大胆猜测，意识的敏锐程度总是与个体（或者动物）的交流能力联系在一起；而交流能力总是与交流需求联系在一起……如果这个观察是正确的，我就可以继续推测意识只有在交流需求的压力之下才得到发展……①

同样在这一节中，尼采提出了他的意识视角主义理论。尽管视角主义理论在尼采思想中是最重要也最多受到研究者讨论的主题之一，但是尼采事实上很少在作品和笔记中提到"视角主义"这个概念，而我们接下来引用的段落就是其中为数不多的文本证据之 ：

> 这就是我所认为的真正的现象主义和视角主义：由于动物意识的本质，我们能够意识到的世界，只是一个表面的和符号的世界，一个一般化和普遍化的世界，它因此被贬为最低级的公共意见——所有进入意识的事物都是肤浅的、

---

① 参见《快乐的科学》，第五卷，第 354 节。

单薄的、相对的、愚蠢的、一般化的,是一个符号、一个畜群
标志;所有被意识的事物都包含了大量而彻底的腐败、曲
解、肤浅化、普遍化。①

通过提出意识对于有机体而言的视角性与功能性,尼采重
新审视了自己依据于感觉经验对理性范畴的认识论经验主义批
评,并且在此基础上展开了对感觉经验本身的反思,而这一反思
指向尼采对于自然科学理论及其客观性主张的思考与批评。

在《快乐的科学》第 372 节,尼采重新讨论了唯心论的问题,
并且明显地从认识论感觉主义转向了一种本体论和实践论意义
上的感觉主义,后者不仅铺垫了他的权力意志本体论,而且被当
作视角主义认识论的基础:

> 过去,哲学家们害怕感觉。或许我们已经过度地克服
> 了这种恐惧? 今天我们都是感觉主义者,我们这些当下的
> 和未来的哲学家,我们这些并非理论上而是实践中的感觉
> 主义者。过去的哲学家认为,感官试图把他们从自己的世
> 界、从寒冷的"理念王国",诱引到危险的南方岛屿上,他们
> 害怕自己哲学家的美德会在太阳之下像冰雪一样融化……
> 我们今天倾向于做出相反的判断(而这很有可能同样是错
> 误的),即理念是比我们的感觉更糟糕的情妇,因为她们拥
> 有冷漠而贫血的样貌,甚至不仅仅因为这种样貌:她们一直
> 以哲学家的"血液"为生,她们一直消耗着他的感觉甚至是
> 他的"心灵",如果你相信我们的话……

---

① 参见《快乐的科学》,第五卷,第 354 节。

今天人们很少谈论认识论或者实践论意义上的"感觉主义",但是在 19 世纪这个概念还十分流行,其中认识论感觉主义与经验主义的主张大致相同,即所有信念直接地或者最终地来自感觉经验,并且通过感觉经验得到验证。正是在这个意义上,尼采把孔德实证主义描述为"知识论中的感觉主义"。

而认识感觉主义与实践感觉主义之间的区别在于,前者主张把进入我们意识的感觉经验当作知识的唯一可靠来源,而后者主张把进入我们意识、尚未进入我们意识的所有身体性冲动、本能、欲望、意志当作我们实践的根本动力,它指向了尼采的权力意志理论。

紧接着在《善恶的彼岸》第 14 节中,尼采提出了我们在这一章开头引用的物理学批评,即他认为物理学依据于我们对于感觉的信念,但是因为我们意识中感觉经验所具有的功能性与视角性,物理学也只是我们对世界的"翻译和诠释",而不是我们对于世界的"解释"。但是我们关于意识及其内容的视角主义理论,是否因此要求我们彻底取消感觉经验、自然科学理论的可靠性? 答案显然是否定的,即便我们的意识和我们意识中的感觉经验具有功能性与视角性,但是它们毫无疑问仍然是我们获取和证实知识的唯一可能的来源。对此,尼采主张我们只需要在感觉经验和自然科学理论的基础上,补充性地指出它们的功能性和视角性条件。或者用尼采的话来说,把感觉经验和自然科学理论当作规范性的而不是解释性的原则。

在《善恶的彼岸》第 15 节中,尼采向我们暗示了把认识论感觉主义当作一种规范性原则而非解释性原则的可能性:

　　　　为了心安理得地研究生理学,人们必须坚持主张感官并不是唯心论哲学意义上的现象；因为作为现象，它们就不可能成为原因！因此，感觉主义即使不能成为解释性的原则，至少也应该是规范性的原则。

什么？其他人甚至说外部世界是我们感官的结果？那么我们的身体，作为外部世界的一部分，也将是我们感官的结果！那么我们的感官本身就将是——我们感官的结果！这看起来是一个彻底的归谬法，因为自因［causa sui］的概念从根本上来说是荒谬的。因此，外部世界不是我们感官的结果？

这两个段落同时涉及感官、自然科学、唯心论的问题，尼采对它们的态度乍看之下也并不明确，并且因此在不同研究者中间引发了争论。在第一个段落中，尼采向我们表明生理学研究的前提条件：(1)把感官当作原因而不是唯心论意义上的现象；(2)把感觉主义当作解释性原则，或者至少是规范性原则。而在第二个段落中，尼采试图指出我们关于大脑、神经系统、意识之间关系的生理学理论，同时向我们表明了感官作为我们身体的一部分，而身体作为外部世界的一部分，都是我们基于神经刺激的构造与投射，因此只是现象。显然我们不可能既把感官当作意识构造过程的原因，又把它当作意识构造过程的结果。尼采把这个问题归结为自因(causa sui)谬误，并且在这一章的倒数第三节把自因称作"迄今为止最强大的自我矛盾，一种逻辑强暴和怪胎"；它最典型的表现形式就是"自由意志"，后者意味着无视"上帝、世界、祖先、偶然、社会"的影响，只把自身孤立地当作所有行为或者事件的原因,因此是因果关联性的对立面。① 换言之,尼采指出生理学理论中存在着一个逻辑漏洞,即生理学家们不得不把感官当作感觉经验的无条件的原因与前提,但是感官毫无意味具有条件性,它本身就属于我们依据于感觉经验的认识结论。为此,尼采主张如果我们坚持心安理得地研究生理学,就必须事先明确它所存在的问题,尤其是要将生理学研究与结论当作一种规范性的而不是解释性的原则。

规范性原则的概念来自康德。康德认为纯粹理性理念与知性范畴之间的区别在于:前者不能形成知识,因此不具有构成性的功能;但它具有一种规范性的功能,而规范性意味着理念能够引导知性活动的方向,与此同时并不预设知性活动的结果。② 尼采经常使用这个概念来攻击所有的知性范畴,例如他表示"逻辑规则、同一性原则、矛盾律……它们根本不是知识的形式,而是规范性的信念"。③ 而主张把感觉主义当作规范性的原则,意味着尼采把对知性范畴的批评引申到了对于感觉经验的反思当中,由此主张一种关于所有感觉经验及其认识结论的视角主义立场,并且以此限定我们依据于感觉经验的认识方式。换言之,感觉经验能够为我们提供研究的方向和关于世界的假说,但是它们不是关于世界的真理。因此在个别笔记中,尼采表示"从身体开始并且把它作为引导。它是更加丰富的现象,并且允许更清晰的观察。对于身体的信念比对于精神的信念拥有更好的基

---

① 参见《善恶的彼岸》,第一章,第21节。

② 参见 French G. Stanley, "Kant's Constitutive-Regulative Distinction", *The Monist*, 51(1967), pp. 623-639。

③ 参见 KSA 12 7[4]。

础"①;以及"身体现象更加丰富、清晰、可靠：它应该首先进行方法论的讨论,而不是对它的终极意义做出任何决定"。②

对感觉经验的规范性主张,也出现在其他一系列笔记中。在1885—1886年的一条笔记中,尼采从视角主义理论出发,不仅批评了"事物本身",而且批评了"感觉本身";与此同时,他并不试图通过视角性来彻底地反驳人类认识的可能性,而是提出一种包含尽可能多视角的认识论理想：

> "事物本身"(Ding an sich)和"感觉本身"(Sinn an sich)、"意义本身"(Bedeutung an sich)一样畸形。根本不存在"事实本身"(Thatbestand an sich),因为某种感觉必须总是被投射到它们当中,从而使它们成为"事实"。
>
> "它是什么"的问题是来自某个视角的、对于意义的追问。"本质""根本性质",本身是一种视角,并且预设了一种复杂性。从根本上说,它所追问的是"它对于我(对于我们、对于所有的生命等)而言是什么?"
>
> 只有当所有生物都完成了对于"它是什么"的提问,并且给出了它们的答案,这个事物才得到定义。假设某个生物连同它对于所有事物的关系和视角从中遗失了,那么这个事物就还没有得到"定义"。③

在这条笔记中,尼采已经把对理性及其范畴的批评,转向了对一般意识内容的反思,其中包括我们意识中的所有感觉经验

---

① 参见 KSA 11 37[4], 40[15]。

② 参见 KSA 12 5[56]。

③ 参见 KSA 12 2[149]。

和理性范畴,它们全部都已经包含了我们的认识视角,而我们的认识视角进一步包含了我们的感知方式、语言习惯、生存条件、价值判断、权力意志等等,我们永远也不可能脱离认识视角来认识事物本身。按照尼采提出的认识论视角主义原则,认识永远是具有视角性的认识。而人们对事物本身或者事物本质的追问,事实上是对更普遍的视角性知识——例如对整个群体、全部人类甚至所有生命而言的知识——的追问,而不是对于任何非视角性知识的追问。在这种视角主义的诠释框架中,经验主义,因此实证主义、感觉主义、自然科学,被尼采当作一种规范性和引导性的原则。

正如在一条后期笔记中,尼采指出物理学家把原子及其运动看作世界的本质与真相,但是原子只是一种主观虚构,而物理学是一种基于感官的主体性世界诠释方式。因此,我们在追求物理学知识的同时,应该认识到物理学的主体性和视角性条件,从而把物理学知识当作一种理论性的假设,而不是教条化的真理,或者说当作一种关于世界的诠释,而不是关于世界的解释。

> 物理学家以他们的方式相信"真实的世界":一个由处于必要运动中的原子所组成的严格系统,所有的存在者都一样——因此对于他们来说,"表象世界"被还原为普遍的和普遍必然的存在,任何存在者都能够以自身的方式理解它(理解并且已经被适应——被"主体化")。但他们是错误的。他们所确立的原子,是按照意识的视角主义逻辑推理出来的——因此本身只是一个主观虚构。他们所描绘的世界图景并没有从根本上区别于主观的世界图景:只不过它通过进一步得到延伸的感官所诠释,但仍然是我们的感

官——无论如何,他们将某物遗漏在星群之外,并且对此毫无认识:任何力的中心——不仅仅是人——通过这种必要的视角主义,从自身的视角来诠释世界的其余部分,也就是说,按照自身的力来衡量、感觉、构造——他们忘记了将这个设置视角的力包含在"真实存在"中——用学院的语言来说,就是主体。他们认为这是"进化"出来的、后来添加的;但即使是化学家也需要它:它是具体的,确定地以这样和那样的方式行动和反行动,正如情况可能的那样。

视角主义只是具身性的一种复杂形式。我的想法是每一个具体的身体都试图成为全部空间的掌控者,拓展自己的力(——它的权力意志),并且阻退所有抵抗其拓展的事物。但是它持续地遭遇来自其他身体的类似阻碍,并且最终与那些足够具有关联性的事物达成和解("联合"):它们由此共谋权力。这个过程持续下去——①

_____

① 参见 KSA 13 14[186]。

第六章　冲动、情感、需求

在前面的章节中,我们已经论述了尼采权力意志理论与 19 世纪物理学和生理学理论之间的延续性关系。而在这一章中,我将讨论和分析尼采权力意志理论中除了力、权力、权力扩张等概念以外,同样被频繁使用的冲动、情感、需求概念,并且我将论述这些概念的以下特征:(1)冲动就是有机体的行为本身;(2)冲动是有机体的内在属性,它在有机体与环境的互动关系中逐渐形成,并且在形成之后引导有机体与环境之间的互动,从而表现出主动适应性,此外它也具灵活性和多变性、长期性和稳定性,能够同时存在于个体和群体之间;(3)冲动能够进入我们的意识经验,表现出情感性和动力性,进而塑造我们的意识经验;(4)情感中已经包含了认知,并且能够在认知的作用下变形与升华;(5)冲动还是一种需求和生命刺激。

第一节　作为行为本身的冲动

尼采在对人类意识现象的生理学分析中,非常频繁地使用冲动概念,它出现在从《悲剧的诞生》到《偶像的黄昏》的所有作品中。与此同时,尼采在应用冲动这个概念的过程中,很少向我们解释冲动本身是什么。

在 1876 年的一条笔记中,尼采表示"当有机体中的规律性结果无法被还原为化学的或者机械论的法则时,冲动这个词可以作为方便之用"。[①] 因此在最基本的定义上,冲动被用来描述或者解释有机体中产生的规律性结果。

其次,尼采也在不同文本中提出冲动和情感并不具有实体性,而只具有动态性。因此特定冲动即使被具体化为朝向某物的冲动,也仍然处于持续的动态变化过程中,其中涉及冲动如何得到满足、如何转化成为其他冲动的整个过程。例如,在1888年的一条笔记中,他表示如果我们去除所有的理性添加物,就只剩下"动态的量,它们与所有其他动态量处于张力关系中:它们的本质就在于它们与所有其他量的关系,在于它们作用于其他量的'结果'"。[②]

此外,尼采还主张所有冲动、情感,或者冲动与情感的集合体,全部都构成价值判断和视角性诠释的出发点。在1888年的另一条笔记中,尼采表示"任何力的中心——不仅仅是人——通过这种必要的视角主义,从自身视角来诠释世界的其余部分,也就是说,按照自身的力来衡量、感觉、构造"。[③]

除了上述一般特征以外,我们可以补充尼采使用冲动概念的思想背景:在整个19世纪中叶,冲动概念与本能概念一起,被生物学家们用来描述有机体中不需要依赖于意识的行为倾向,例如性冲动和食物冲动等等。另外在第四章中,我们为了论证尼采思想中的本体论自然主义,已经说明他关于有机体及其权力扩张冲动的理论延续了德国生物学家鲁克斯和罗尔夫的观点。

---

① 参见 KSA 8 23[9]。
② 参见 KSA 13 14[79],类似表述也出现在 KSA 13 14[86]中。
③ 参见 KSA 13 14[86]。

　　在这些一般特征当中,我们需要首先指出:尼采要求我们把冲动理解为有机体的行为本身,而不是某种外在于行为的动力因或者目的因。这一要求依据于权力意志理论中的动态性原则,它不仅体现了尼采的行为主义立场,而且表明尼采在不同文本中表现出来的侏儒谬误倾向,应该按照它们的语境得到更充分、更完整的解释。

　　侏儒谬误意味着我们把有机体的特定行为,解释为有机体内部某个侏儒的特定行为,因此事实上没有对这个行为作为任何解释。[①] 20 世纪著名的心理学家和行为主义者斯金纳(B. Skinner)最早对侏儒谬误提出系统性的批评,而他批评侏儒谬误的目的,主要在于批评传统心灵论者通过心灵概念来解释人类行为的做法,这些心灵概念包括感觉、情感、冲动、欲望等,斯金纳认为这些概念并没有解释任何人类行为。正如在 1963 年的一篇论文中,斯金纳写道:

　　　　像人类这样复杂的有机体,通常在行为上表现出任意性。因此人们倾向于将这些可见的行为归为其内部的某个有机体——某个小人或者侏儒。这个小人的希望成为人们观察到的人类的行为。内部想法被放到外部语词中,内部情感找到外部表达……

　　　　当我们被告知犯罪行为是人格失常的结果,或者人格失常是自我、超我、本我之间冲突的结果,它们的解释模式

---

① 侏儒谬误也被称作侏儒论证(homunculus argument)。这种论证谬误经常出现在人们对有机体特定行为的心理学解释中,即把这个行为解释为有机体内部某个侏儒的行为。最典型的例子就是把"观看"行为解释为大脑内部存在着一个小人正在"观看"视网膜上的形象,因此它并未解释"视觉"这个行为本身。

都是一样的。就算我们对其中的小人进行分解,从而分析
它的愿望、认知、冲动等等,情况也好不到哪儿去。我们反
驳的原因并非它们属于心灵,而是它们根本没有提供任何
真实的解释,并且阻碍着更高效的分析。①

尼采不仅在个别文本中表现出极端的侏儒论证倾向,而且
在绝大多数文本中都表现出不同程度上的侏儒论证倾向。我们
可以列出其中比较典型的两个文本:

> 是我们的需求在诠释世界;是我们的冲动及其认同和
> 反对。每一个冲动都是一种统治的欲望;它们都渴望成为
> 所有其他冲动的标准,并且以此作为自身的视角。②

以及:

> 任何人如果思考人类的基本冲动在什么程度上作为激
> 励性的精神(或者魔鬼或者精灵)发挥作用,将会发现它们
> 都在某些时候从事于哲学——并且它们都只希望把自身当
> 作存在的最终目的、所有其他冲动的合法统治者。因为所
> 有冲动都渴望成为统治者——它试图按照这种精神从事于
> 哲学。③

首先,我们不可能主张这些文本不具有代表性,因此完全可

---

① 参见 B. Skinner, "Behaviorism at Fifty", *Science*, 3570(1963), p. 951。
② 参见 KSA 12 7[60]。
③ 参见《善恶的彼岸》,第一章,第 6 节。

以被忽略。尼采类似于侏儒论证的表述并不限于我们引用的这些段落，而是普遍地存在于他的所有作品和笔记中。其次，我们可以主张这些文本具有代表性，并且主张尼采冲动理论中确实存在着侏儒论证，即他常常把有机体的特定行为，解释为有机体中特定冲动的行为，因此事实上并没有对于这些行为做出解释。在这种情况下，我们要么抛弃尼采的冲动理论，要么抛弃斯金纳对侏儒论证的行为主义批评。

　　许多研究者都按照第二种思路来诠释尼采的冲动理论。例如，波尔纳认为尼采用"冲动"来命名有机体的"权力经验斗争"，而"权力经验斗争"可以类比为"主体的目的性行为"[①]；因此他在尼采的冲动概念中同时预设了一个主体及其目的。而克拉克和大卫·达德里克（David Dudrick）直接承认尼采把冲动当作"元人体"或者"侏儒"来使用，只不过我们可以通过丹尼尔·丹尼特（Daniel Dennett）的侏儒功能主义[②]来为尼采的侏儒论证做出辩护。他们认为尼采"为了解释个体的意志行为，即个体克服障碍和实践价值的行为"，"并没有主张冲动克服障碍和实践价值——这些冲动单纯进行命令和服从。由于这些行为比它们需要解释的那种行为更加简单，因此其中并不存在循环论证的问

① 参见 Peter Poellner, *Nietzsche and Metaphysics*, New York：Oxford University Press, 1995, p. 165, 174。
② 心灵哲学家丹尼尔·丹尼特提出一种"侏儒功能主义"（homuncular functionalism），他认为我们可以学习人工智能分解任务的方式，将有待于解释的意向性行为不断地分解为更基本、因此更简单的意向性行为，直到最后分解为非意向性的行为。参见 D. Dennett, *Philosophical Essays on Mind and Psychology*, Cambridge, Mass Brainstorms：The MIT Press, 1981。

题"。① 但是,这些研究者对尼采冲动理论的侏儒论证解读,建立在对于尼采冲动理论的表面理解和错误抽象之上。以克拉克和达德里克为例,尼采并没有像他们所说的那样严格区分有机体在个体层次上和在冲动层次上不同的行为模式,它们都是权力意志的变形,都包含了命令与服从、抵抗与克服、肯定与否定。

事实上,尼采在不同文本中的论述都向我们表明了他的行为主义立场,而他的行为主义立场进一步由权力意志理论中的动态本体论原则所决定。按照这一原则,冲动应该被理解为有机体的行为本身,而不是某种外在于行为的原因或者目的;无论动力因还是目的因的概念,都是人为地添加到行为之上的理性虚构物,它们不仅无法解释特定行为,而且犯了"行为双倍化"的错误,它"已经是神学"。② 关于这种行为双倍化谬误,尼采在《论道德的谱系》中写道:

> 在行为及其结果的背后并没有"存在";"行为者"是事后被发明出来的东西——行为就是一切。从根本上,人们只是把同一个行为双倍化了;当他们看到闪电,便认为是闪电发出了光线:他们把同一个事件首先当作原因,然后再当作结果。而当科学家说"力推动""力引起"以及诸如此类的话,他们也好不到哪儿去——我们的全部科学,尽管远离情感、保持冷静,但是仍然暴露在语言的诱惑面前,尚未摆脱它的禁锢……③

① 参见 M. Clark and D. Dudrick, *The Soul of Nietzsche's Beyond Good and Evil*, New York: Cambridge University Press, 2012, pp. 196-199。
② 参见 KSA 12 2[4]。
③ 参见《论道德的谱系》,第一章,第 13 节。

以及在 1888 年的一条笔记中,尼采表示如果我们去除所有的理性添加物,就只剩下:

> 动态的量,它们与所有其他动态量处于张力关系中:它们的本质就在于它们与所有其他量的关系,在于它们作用于其他量的"结果"。①

而在 1883—1888 年的一条笔记中,尼采批评了心灵论者以及人们在日常生活中对于情感或者意志的信念:

> 对于意愿行为的信念。把一个信念当作某个机械论运动的原因,这是在信仰奇迹。按照科学的一致性要求,一旦我们已经使用某些微小形象来解释世界,那么我们也应该[用这些微小形象]解释情感、渴望、意愿等,也就是说否定它们,并且把它们当作理性的错误。②

尼采提出的行为双倍化谬误,与斯金纳提出的侏儒谬误一样,一方面能够有效地反驳传统心灵论和活力论者对有机体行为的无效解释,另一方面也使冲动成为一个极端形式化,甚至可以被完全取消的概念。但是尼采并不主张我们因为概念或者语言所涉及的陷阱而彻底地放弃使用它们,相反,他所主张的是我们在使用特定概念和语言的同时,认识到它们的条件性和视角性。为此,我们在描述他的冲动理论时,只需要同时补充他的行

---

① 参见 KSA 13 14[79],类似表述也出现在 KSA 13 14[86]中。
② 同上。

为主义立场，从而避免因为语言的诱惑落入双倍化谬误或者侏儒谬误的陷阱。

按照这一行为主义立场，当尼采提出冲动"诠释世界"，"认同和反对""统治""成为其他冲动的标准"，"作为激励性精神发挥作用"，"从事于哲学"，他所主张的并不是有机体中存在着这样一些实体性的冲动，它们能够进行复杂的诠释行为、判断行为、竞争行为、哲学行为，甚至还很有可能拥有意识和自由意志。相反，我们需要结合其他文本来说明，在这些类似于侏儒论证的文本中，尼采要传递的真实想法是什么。首先，冲动不可能是外在于有机体行为的目的因或者动力因，它们就是这些诠释行为、判断行为、竞争行为、哲学行为本身。其次，这些诠释行为、判断行为、竞争行为、哲学行为也并不等同于传统心灵论者或者人们在日常经验中所理解的上述行为，它们全部都应该被当作权力、权力意志、权力扩张的同义替换词，尼采试图用它们来概括所有有机体、无机物、化学、物理学层面上发生的动态事件与过程。再次，尼采提出权力意志及其相关概念的意义，不在于取代任何生物学、化学、物理学中的观察和理论，而是要对它们做出补充，从而使它们以自然化的形式取得合法性。例如在后期笔记中，尼采写道：

> 他们所确立的原子，是按照意识的视角主义逻辑推理出来的——因此本身只是一个主观虚构。他们所描绘的世界图景并没有从根本上区别于主观的世界图景：只不过它通过进一步得到延伸的感官所诠释，但仍然是我们的感官——无论如何，他们将某物遗漏在星群之外，并且对此毫无认识：任何力的中心——不仅仅是人——通过这种必要

的视角主义，从自身视角诠释世界的其余部分，也就是说，按照自身的力来衡量、感觉、构造——他们忘记了将这个设置视角的力包含在"真实存在"中。①

以及：

　　对世界的动态论诠释，及其对"空的空间"和原子团的反驳，很快将成为物理学家们的主导思想；只不过是一种内在性质的动态论。②

最后，在人类有机体中，个别表象能够选择性地进入意识。它们在有机体的全部生理活动显然是极微小也极不重要的部分，无论这些意识表象最终发展成为我们的基督教、伦理学，还是自然科学。只不过从认识论的角度，它们是我们接受自然科学理论，并且推理出权力意志理论的根本依据。

第二节　作为内在属性的冲动

为了更充分地理解尼采的冲动概念，我们还可以区分内在属性和外在属性。其中内在属性是指事物本身所具有的，因此与其他事物无关的属性、过程或者状态；而外在属性是指涉及其他事物因此具有关系性的属性、过程或者状态。在许多文本中，尼采都把冲动描述为一种内在属性。例如我们前面提到，尼采

---

① 参见 KSA 12 14[168]。
② 参见 KSA 11 36[31]。

认为一种"内在性质的动态论"将会取代机械论成为物理学家们的主导思想。以及在《善恶的彼岸》中,尼采主张"欲望和激情的世界,是唯一作为现实被'给予'的[世界],除了冲动的现实之外,我们不能通达任何其他'现实'",而这些冲动进一步意味着一种从内部来定义的权力意志:

> 假设我们最终成功地将整个关于冲动的生命解释为某种基本意志形式的组织和发展——这种基本意志形式,用我的话来说,就是权力意志;假设我们能够把所有有机体功能都追溯到权力意志,并且发现它甚至能够解决生殖和营养的问题(这其实是一个问题),那么我们就获得了将全部作用力统一解释为权力意志的权利。从内部看待这个世界,按照它的"理性人格"来定义和确定世界——它将是"权力意志",此外无他。①

对于冲动和情感的内在性描述,更加普遍地存在于尼采对于具体冲动和情感的系谱学分析中。例如在《论道德的谱系》中,他毫无例外地把愧疚、良心不安、怨恨、仇恨,描述为人类个体所具有的内部情感和冲动。以受害者的"怨恨"②心理为例:

> 每一个受害者都本能地寻找自身痛苦的原因;更准确地说,是寻找一个行动者;再具体一点,是寻找一个容易遭

① 参见《善恶的彼岸》,第二章,第36节。
② 仇恨(Rache)是尼采热衷于探讨的情感之一,它建立在对他人的恐惧之上,因此是一种完全被动的情感,并且表现为一种惩罚他人,尤其是强者的欲望。从《论道德的谱系》开始,尼采倾向于使用法语中的"怨恨"(ressentiment)概念。

受痛苦并且有罪的行动者——简言之,一个他能够按照这个或那个借口,并且无论现实地还是想象地对其发泄情感的生命体:因为情感的发泄代表了受害者试图获得安慰或者麻痹的最大努力——为了麻痹任何类型的痛苦,他对于这种麻醉剂欲罢不能。我认为正是这一点构成了怨恨、仇恨、类似情感的生理学原因:试图通过情感来麻痹痛苦的渴望。①

　　我们可以把这段文字分解为以下四个命题:第一,受害者感受到痛苦;第二,受害者本能地寻找痛苦的原因;第三,受害者开始怨恨、仇恨这个痛苦的原因;第四,受害者通过怨恨或者仇恨得以麻痹自身的痛苦。当然,尼采的行为主义立场仍然要求我们尽可能地形式化进而取消上述命题向我们暗示出来的实体性受害者概念,从而避免行为双倍化的谬误。但是这并不影响尼采主张冲动和情感是人类有机体中构成性的内在状态和过程,而不是与其他人类有机体之间的关系性状态和过程。

　　此外,我们也在许多文本中看到,尼采认为不可能存在任何内在的属性、过程或者状态。例如在后期笔记中,尼采表示:

　　　　认为除了诠释和主体性以外,事物拥有一种内在的结构,这只不过是无谓的假说:它预设了诠释和主体性不具有根本性,以及一种事物在解除了所有关系之后仍然成其所是。②

---

① 参见《论道德的谱系》,第二章,第 15 节。
② 参见 KSA 12 9[40]。

以及：

> 这个世界……从根本上是一个关系的世界；在特定条
> 件下，它向每一个视角都表现出不同的方面；它对于每一个
> 视角而言都是根本不同的存在；它压迫每一个视角，每一个
> 视角也反过来抵抗它——并且在每个情况下，这些作用的
> 总和也是相当不一致的。①

如果这些文本所表述的观点是可靠的，那么任何事物及其
任何属性都是关系性的，根本不存在某种内在的属性、过程或者
状态。如果根本不存在内在属性，那么冲动和情感也就不可能
是内在属性，无论是作为内在状态还是内在过程。其次，我们也
不太可能把冲动理解为某种具有本质性的关系。尼采在不同阶
段的笔记中都批评了"本质"的概念：

> "那是什么？"这个问题是来自其他视角的意义投射。
> "本质""本质属性"已经是视角，并且预设了多重性。在它
> 的根本之处总是"那对于我而言是什么"。②
> 真实的情况并非世界如此以及这般，生命体以世界向
> 它显现的方式看待世界：世界由这些生命体所组成，对于任
> 何生命体而言，都存在着一个小小的视角，它从中进行衡
> 量、注意、看见以及不看见。并不存在"本质"……③

---

① 参见 KSA 13 14[93]。
② 参见 KSA 12 2[49]。
③ 参见 KSA 12 7[1]。

　　简而言之,不存在作为事物本身的本质,也不存在作为关系本身的本质;我们对本质的追问,已经是对事物与我们自身之间关系的追问。

　　尼采在内在性和外在性的问题上表现出矛盾的态度,一方面他主张所有事物都只是关系;另一方面,他又把冲动和情感表述为事物的内在属性、内在过程、内在状态。我们应该如何处理这种矛盾?

　　需要指出的是,尼采在这些文本使用了两组不同的内部与外部概念。首先,当尼采把冲动定义为有机体的内在属性,他试图通过冲动理论来补充机械论者对于事物纯粹依据于外感官的认识结论。因此,尼采在这些文本中讨论的外在属性和内在属性,分别是依据于外感官和内感官的有机体认识结论。我们依据于内感官的认识永远需要在外感官认识的基础上,才有可能被推理到其他有机体中。换言之,我们不仅需要按照外感官认识到有机体,认识到有机体生命活动全部都发生在与外部环境的互动关系之中,而且需要认识到,有机体与外部环境之间的互动关系仍然不同于有机体内部结构之间的互动关系。在有机体与外部环境之间存在着明确的界限将它们相互区分开来,而这一界限是我们讨论任何有机体及其外在属性或者内在属性的前提条件。

　　其次,当尼采批评事物的内在性与本质性,这种内在性与本质性同时包括了有机体的外在属性与内在属性。尼采试图批评机械论者一方面依据于外感官来认识事物,另一方面完全忽视了外感官的主体性及其对认识结论的塑造作用。并且通过批评外感官认识,尼采同时否定了冲动理论被应用到其他有机体中的可能性。因此,为了辩护作为内在属性的冲动理论,我们需要重新辩护尼采的机械论立场,即尼采批评机械论的意图并不在于彻底地取消机械论,而是要通过指出它所依据的条件性、视角性、主体性,来使它的认识结论重新取得合法性。这一点完全符合我们对尼采的认识论自然主义诠释。按照这种自然化的认识论立场,我们完全可以主张存在着有机体,而且存在着有机体的外在属性和内在属性,只要我们同时主张它们是基于认识者外感官和外感官的认识结论,是具有临时性、假说性、主体性的认识论假说。

通过辩护我们基于外感官的认识从而辩护机械论,我们得以辩护作为内在属性的冲动概念,进而辩护尼采关于冲动理论的绝大多数论述。例如,他认为在有机体与外部环境的互动关系中,真正占据主导的是有机体的内部塑造力量,而不是来自外部环境的影响:

> 达尔文对"外部环境"影响的高估已经达到荒谬的地步:在生命过程中,真正具有本质性的是那种来自内部的强大的塑造形式和创造形式的力量,它利用和开发"外部环境"。①

外部环境毫无疑问会影响有机体内部冲动的形成,正如在《瞧,这个人》中,尼采强调饮食、气候、童年经验等因素决定性地影响了他如何成为自己。只不过与外部因素相比,有机体内部已经建立起来的"塑造形式和创造形式的力量"更具有根本性,它们不仅能够评价、诠释、利用、改变外部环境,而且能够主导、

---

① 参见 KSA 12 7[25]。

调整、改变自身的内部环境，并且形成新的冲动与冲动共同体。
我们也可以把冲动的这种能力称之为主动适应性。

　　再次，冲动既属于有机体个体层次上的内部状态与过程，也
在许多文本中被尼采描述为群体、种族、物种的内部状态与过
程。例如在 1884 年的一条笔记中，他表示"所有价值评估都涉
及特定的视角：个体、群体、种族、国家、教会、信念、文化的保
存"。① 因此冲动不仅在有机体个体层次上能够形成有组织、有
结构、有秩序的复合体，从而具备一个共同的视角，而且能够在
有机体群体、种族、国家等层次上形成特定结构的复合体，从而
呈现出一个群体性的视角。并且，当我们说个体是由冲动和情
感组成的系统时，这些冲动和情感可能来自个体、个体的次级系
统，也可能来自个体所属的群体、民族、国家等。

　　最后，冲动在形成之后，仍然处于持续的动态变化过程中，
但是能够表现出相对的长期性和稳定性。用尼采的话来说，冲
动试图保持自身的统治地位。我们可以引用两条笔记来说明这
一点：

> 　　并不是意志的满足引起快乐（我希望反驳这种肤浅的
> 理论——它是对最切近事物的荒谬的心理学歪曲），相反是
> 意志不断地向前推进、并且成为阻碍者的主人。快乐的感
> 觉恰好来自意志的不满足，来自意志除非遇到对手和反抗
> 否则绝不满足的事实。——"快乐的人"：只不过是畜群
> 理想。②

---

① 参见 KSA 11 26[119]。
② 参见 KSA 13 11[75]。

> 对冲动的不满足,例如饥饿、性冲动、运动冲动,绝对没
> 有包含任何令人沮丧的事物;相反它们作为生命的刺激物
> 发挥作用,微小而痛苦的刺激及其律动增强生命(无论悲观
> 主义怎么说)。不满足不仅不会使人对生命感到恶心,而且
> 是对于生命而言最强大的兴奋剂。[1]

在这两个段落中,尼采区分了冲动的满足和不满足,与普通
心理学强调冲动渴望满足的观点不同,他强调冲动的不满足,并
且认为真正的快乐恰好来自冲动"除非遇到对手和反抗否则绝
不满足的事实"。因此在尼采看来,快乐不在于冲动得到满足,
而在于冲动永远追求满足的过程。这种不满足,换言之不断寻
求满足的过程,是生命最强大的兴奋剂,它同时保证了冲动的相
对稳定性。

第三节　作为意识基础的冲动

在《善恶的彼岸》第36节中,尼采主张用冲动和情感来解释
所有的有机体生理学现象,例如自我调节、吸收、营养、排泄等
等,因此冲动和情感尽管能够进入我们的意识,但是并不限于我
们的意识,而是存在于所有的有机体活动中。此外,尼采进一步
主张用冲动和情感来解释机械论的世界。具体而言,尼采主张
把机械论世界解释为"情感世界的原初形式,其中所有事物仍然
处于强大的统一体中,尚未衍生和组织成为有机过程";或者说,
把机械论世界理解为"冲动性生命的一种类型,其中所有的有机

---

[1]　参见 KSA 13 11[76]。

功能(自我调节、吸收、营养、排泄、新陈代谢)仍然综合在一起——作为一种生命的预备形式"。

但是,无论尼采如何强调意识经验的伴随性和非本质性,不可否认的是,意识经验是人类所有认识行为的出发点。在尼采的思想实验中,它们首先被推演到有机体的全部生命活动,并且进一步被推演到非有机体的机械论世界。因此我们完全有必要回到作为认识起点的意识经验来分析尼采的冲动理论。

我们在意识中经验到的心理状态,首先具有情感特征,并且这种情感特征表现为一种推动力。例如,我们对于饥饿的感知,总是伴随着一种压力感和紧迫感,促使我们采取行动。其次,在有机体与外部环境的互动中,部分冲动能够在特定条件下占据主导地位,并且塑造我们的意识经验。例如,当个体由艺术冲动所主导,那么她的意识经验总是涉及"从变化中、从将自身灵魂强加于陌生事物中获得快乐,彻底的自我主义"[①];而当个体由科学冲动所主导,她的意识经验总是涉及"使事物变得可被理解的渴望",以及"使事物变得可被实践、可用、可被开发的渴望"[②];当个体由道德冲动所主导,她的意识经验总是涉及"不变性、规则性、类别化、协调性"。[③]

这些主张适用于所有其他冲动以及冲动的组合,其中包括性冲动、营养冲动、生存冲动等等;怀疑冲动、否定冲动、收集冲动、消解冲动;[④]大笑的冲动、悔恨的冲动、诅咒的冲动;[⑤]真理冲

---

① 参见 KSA 12 7[3]。
② 同上。
③ 同上。
④ 参见《快乐的科学》,第三卷,第 113 节。
⑤ 同上,第四卷,第 333 节。

动；①知识冲动；②崇拜的冲动；③好奇的冲动、辩证研究的冲动、矛盾的冲动；④追求出众的冲动；⑤追求美的冲动；⑥肯定性的情感，例如骄傲、喜悦、健康、性、敌意和战争、美好姿态和礼仪、强壮意志、高尚精神性、规训、权力意志、对地球和生命的感激等等。⑦

这些冲动分别以不同的对象作为目标，它们体现了人类在主动适应环境时表现出来的灵活性和多变性。而尼采强调有机体内部冲动的灵活性和多变性，部分地在于反驳同时代的文化消除论者，后者试图把有机体——尤其是人类有机体的所有生命活动，全部都还原为某些基本而又具体的生理学冲动。尼采对此并不满意，他认为那些基本的生理学冲动，例如饥饿，也是"一种解释"，一种同化和占有冲动的"具体而晚近的形式"，"一种服务于更高统治冲动的劳动分工的表达"。⑧ 并且只有复杂有机体能够感受到饥饿，因为只有在复杂有机体中，才存在"劳动分工"，由此"权力意志学会了通过其他方式来满足自身"。⑨

---

① 参见 KSA 12 9[60]，KSA 12 2[91]，KSA 13 15[52]。
② 参见 KSA 13 14[142]。
③ 参见 KSA 12 2[165]。
④ 参见《不合时宜的沉思》，第三卷，第 6 节。
⑤ 参见《朝霞》，第二卷，第 113 节。
⑥ 参见 KSA 13 14[117]。
⑦ 参见 KSA 13 14[11]。
⑧ 参见 KSA 13 11[121]。
⑨ 参见 KSA 13 14[174]。

第四节 情感变形理论

尼采除了把冲动作为主要的生理—心理学分析范畴,也频繁地使用诸如情感、感觉、激情、欲望、本能、需求、意愿、命令等概念。它们不仅与冲动概念具有可替换性,因此与冲动概念一样能够体现有机体生理—心理学现象的动态性、相对稳定性、复杂性、多样性,而且为尼采诠释有机体生命现象提供了更丰富的视角与元素。

在 1887 年的一条笔记中,尼采指出自己的哲学计划之一在于:

> 用一种情感视角理论来取代"认识论"(其中包括情感的等级秩序;得到升华的情感[die transfigurierten Affekte];它们的更高等级,它们的"精神化")。①

根据这条笔记,尼采的情感理论至少包含以下三个方面:首先,情感中包含了认识的基础,因此才可以被用来取代认识论;其次,特定情感能够被升华、升级或者精神化;最后,不同的情感之间存在着等级秩序。

关于第一点,我在第五章中讨论了尼采对有机体认识能力的功能论和进化论解释,尤其是他主张有机体认识能力完全取决于它的权力意志和权力扩张冲动,换言之取决于有机体中主导性的冲动和情感。而在这一节中,我将对这种取决于有机体

---

① 参见 KSA 12 9[8]。

冲动和情感的认识能力进行更具体的描述。

尼采在许多关于情感的描述和分析中,都指出在情感中已经包含了理性及其价值判断。但是他的目的并不在于说明情感来自理性诠释,而是要说明理性在情感中拥有其起源和原初形式。正如在《人性的,太人性的》这部作品中,尼采试图描述有机体理性从感觉经验中形成的过程,他认为判断的本质是信念,而信念来自快乐或者痛苦的感觉。

> 逻辑的第一阶段是判断,而按照最优秀的逻辑学家的观点,判断的本质是信念。信念从根本上是主体作为感觉经验者所经验到的快乐或者痛苦的感觉。从两个先在的感觉中可以产生第三个、新的感觉,它就是最低级形式的判断。——在我们的原始状态中,任何事物中能够引起我们有机体兴趣的,是它与我们在快乐和痛苦方面的关系。①

在此基础上,尼采认为我们对于实体、属性、相同事物、因果关系等知性范畴的信念,全部都是从低级有机体中继承下来、尚未得到分化的感觉经验。例如,低级有机体的眼睛"最开始只能看到同一事物;而后,当不同种类的快乐或者痛苦的刺激变得更加明显,不同类型的实体也逐渐地被区分开来,只不过它们分别只有一种属性,也就是与有机体的单一关系"。②

而在《快乐的科学》中,尼采继续表示:"人类头脑中的理性从何起源?它当然起源于非理性,而且非理性的领域必然十分

---

① 参见《人性的,太人性的》,第一章,第 18 节。
② 同上。

庞大……今天我们头脑中的逻辑思考和推理过程,对应于那些单独看来非理性和非正义的冲动之间的战争;我们通常只经验到战争的结果:这就是我们体内古老机械过程的迅速和隐蔽程度。"①这些非理性和非正义的冲动包括怀疑冲动、否定冲动、等待冲动、收集冲动、分解冲动等:"为了使科学思想产生,人类必须将大量事物结合在一起,尤其是将那些必要冲动分别地发明、训练、培养出来! 这些冲动今天在科学思考的领域中相互限制和约束,但是它们在结合之前分别产生完全不同的结果:这些冲动像毒药一样发挥作用,例如怀疑冲动、否定冲动、等待冲动、收集冲动、分解冲动。"②

除了我们"头脑"中的理性能力以外,尼采也在其他文本中试图提出一种更基础的、具身性的理性能力。正如在《查拉图斯特拉如是说》中,尼采区分了作为工具的"小理性"和身体的"大理性",并且主张当小理性犯下认知错误,因此误解了自然中最根本的动态性和连续性原则时,这些错误通常是大理性所要求的生命条件。③关于有机体小理性与大理性之间的关系,我们可以参考尼采在 1883—1888 年间的一条笔记,他向我们描述了"生气"这种情感的生理学基础:

> 我们无法理解的所有一般性身体感觉,都通过理性得到诠释,即人们为自己感到如此这般,在个人、经验以及其他事物中寻找原因。因此那些有害、危险或者陌生的事物被当作坏心情的原因;但是它们是被添加到了坏心情之上,

---

① 参加《快乐的科学》,第三卷,第 111 节。
② 参见《快乐的科学》,第三卷,第 113 节。
③ 参见《快乐的科学》,第三卷,第 111 节;《善恶的彼岸》,第一章,第 3 节。

从而使我们自身变得可以理解。血液频繁地冲向大脑,同时伴随着窒息的感觉,它们被诠释为"生气";使我们感到生气的个人或者事物,则是我们缓解自身生理状态的途径。①

在"生气"形成的过程中,人们首先产生一般性的身体感觉,然后为这些身体感觉寻找原因,最后通过这些原因来理解和缓解自身生理状态。显然,按照尼采的动态本体论和行为主义原则,我们应该尽可能地形式化进而消除这些表述中具有误导性的主体概念。更准确地说,是这些身体感觉在动用理性、寻找原因,从而理解和释放自身。而且在不断地寻找原因和释放自身的过程中,有机体及其身体感觉将自身投射到外部原因当中,从而形成了对外部世界的感觉性认识。在大多数情况下,这个过程并不需要涉及意识。例如在《快乐的科学》中,尼采表示:"一个剧烈刺激被经验为快乐还是痛苦,是由进行诠释的理性所决定的,这个过程当然通常并不进入我们的意识;同一个刺激既可以被诠释为快乐,也可以被诠释为痛苦。"②除了在个别情况下,特定身体感觉在找到原因以后,确实按照想象出来的因果顺序进入意识,但是意识在这个过程中也只具有从属性的反映功能:

> 在"内在世界"的现象主义中,我们颠倒了原因和结果的先后次序。"内在经验"的根本事实在于,原因是在结果发生以后才被想象出来的——这一点也适用于思想的连续性:我们在意识到某个思想之前,就已经开始寻找这个思想

① 参见 KGW 7 24[20]。
② 参见《快乐的科学》,第三卷,第 127 节。

的原因；并且原因先进入意识，而后才是结果——我们在整个睡梦生活中都在为复杂的感觉寻找可能的原因与诠释——按照这种方式，我们对于特定情况的意识，总是在与之相关的假定因果链进入意识以后才发生。

　　整个"内在经验"都依据于这样一个事实，即有机体试图为神经中枢刺激寻找和想象一个原因——并且只有被找到的原因进入意识：这个原因绝不对应于任何真正的原因——它只不过是在过去"内在经验"换言之记忆基础上的摸索。①

　　但是尼采除了主张身体性感觉通过"寻找原因"来理解和释放自身，从而提供一种关于具身性理性及其与意识理性之间从属关系的解释之外，他还提供了另外一种更基础也更普遍的理性结构，并且主张这种理性结构构成了有机体情感的本质。例如在后期笔记中，他认为，"我们的每一个基本冲动都拥有一个对所有事件和经验的不同的视角性价值判断"②；"意愿意味着意愿某个目的。目的包含了一个价值判断"③。

　　尼采也把情感所具有的这种价值判断称作情感的意向性结构，并且以此反驳叔本华的意志概念，因为后者人为地去除了意志行为中的意向性结构，因此只是对意志现象的抽象甚至虚构。例如尼采表示"根本不存在'意愿'这种事物，只存在意愿某物：人们不能将目的从整个状态中去除掉——就像认识论者所做的

---

① 　参见 KSA 13 15[90]。
② 　参见 KSA 12 1[58]。
③ 　参见 KSA 10 24[15]。

那样"。① 在 1888 年的一条笔记中,尼采写道:

> 我的主张是:在迄今为止的所有心理学中,意志只是一
> 个不合法的概括。这种意志根本不存在。人们没有把握住
> 从某种具体意志中发展出众多形式的观点,相反通过去除
> 意志的内容、它的"去哪儿",人们消除了意志的特征——这
> 完全就是叔本华的做法:他称作"意志"的东西只不过是一
> 个空洞的词汇。②

但是上述两种对有机体具身性认识能力的讨论,并不需要
被解释为相互矛盾。我们只需要区分有机体最根本的权力意向
性和其他衍生出来的具体意向性,即把有机体身体感觉寻找外
部原因从而理解、释放、投射自身的过程,理解为衍生性的权力
意向性,有机体在这个阶段已经发展出相对更复杂、更高级的具
身理性形式。

关于情感的变形和等级秩序,我们首先注意到尼采在不同
的文本中讨论了大量不同的情感,它们包括并且不限于激动、生
气、焦虑、期待、无情、傲慢、仇恨、厌烦、安慰、同情、舒适、惬意、
恶心、恐惧、疲乏、怀疑等等,这些情感通常具有不同的强烈程
度、意向对象、对意向对象积极或者消极的价值判断,并且因此
包含了关于意向对象的认知内容。其次,他也倾向于在讨论特
定主题的同时使用大量具有相关性的情感词汇。例如,他认为
"禁欲道德"负面地误解了"爱(Liebe)、善良(Güte)、同情

---

① 参见 KSA 13 11[114]。

② 参见 KSA 13 14[121]。

(Mitleid)，甚至正义(Gerechtigkeit)、慷慨(Großmuth)、英雄主义(Heroismus)的情感"。① 此外，在讨论"肯定性的情感"时，他不做区分地列举了"骄傲（Stolz）、喜悦（Freude）、健康（Gesundheit）、性爱（Liebe der Geschlechter）、敌意和战争（Feindschaft und Krieg）、尊敬（Ehrfurcht）、美丽的姿态和礼仪（schöne Gebärden，Manieren，Gegenstände）、强硬意志（starker Wille）、崇高精神的培养（Zucht der hohen Geistigkeit）、权力意志（Wille zur Macht）、对大地和生命的感激（Dankbarkeit gegen Erde und Leben）"。②

　　这些情感并没有得到严格的定义，它们之间并不存在严格的顺序或者结构，此外它们也并不直接对应于特定的人格倾向或者属于特定人格倾向的结果。尼采以一种模糊甚至随意的方式列举它们，这样做的目的首先在于通过语言来模拟和表现人类情感的丰富性、复杂性、动态性。

　　此外，尼采也试图避免对情感的实体化解释。不同的情感类型或者人格倾向，并非像我们的语言所暗示的那样，是离散且不可再分的精神实体。如果我们因为语言的误导，认为在复杂的现象背后真实地存在着一系列作为原因或者本质的情感实体，那么这只是对于现实的歪曲和虚构。正如在不同的笔记中，尼采表示"我们所有的词汇都指向虚构"，甚至"我们的情感也一样"，③以及"情感是理性的一种构建，是理性对实际上并不存在的原因的发明"。④

---

①　参见 KSA 12 10[128]。

②　参见 KSA 13 14[11]。

③　参见 KSA 10 24[16]。

④　参见 KGW 7 24[20]。

这并不意味着主张情感就是毫无根据或者毫无意义的虚构,甚至我们应该放弃任何关于情感的理论。相反,尼采要求我们不断地认识情感被构建出来的过程,其中涉及一系列动态而复杂的生理—心理学过程,例如我们的认识方式、我们的语言习惯、我们的生存条件和生命状态。这一点完全符合我们对尼采认识论自然主义诠释,情感作为"意识中的虚构和幻想",首先无法再被当作原因性和动力性的精神实体,这是自由精神或者理智良心在人类当前知识成果面前,尤其是在自然界中最根本的动态性原则面前,对所有知识追求者提出的要求。其次,实体性情感理论被动态性原则证伪以后,应该重新让位于一种动态的情感理论,后者能够向我们揭示出有机体在特定生存条件下更深层的生理—心理学状态——换言之,有机体的权力意志。最后,这种新的情感理论一方面为我们揭示出更复杂和更丰富的生命现象,另一方面仍然是经验性的和有待于完善的。

而情感所具有的变形和升华的能力,一方面指向有机体情感世界中的丰富性、动态性、非实体性;另一方面也向我们暗示不同情感之间存在着特定的秩序性。在所有有机体情感当中,部分情感属于一般的有机体或者生命天性;另一些属于特定人群或者人格类型所独有的特征;还有一些则有赖于社会、文化、个人的条件才可能实现。并且所有高级情感都来自更原始和更根本的情感形式。

这些有机体的基本情感因为具有更强大的生命推动力,因此也受到更普遍的非议和诋毁,其中最重要的情感就是"权力冲动",尼采认为它是生命"最可怕和最根本的欲望",它就是"自由",并且"迄今为止的所有伦理学,在无意识的教育和养育本能

中,全部都致力于抑制这种权力欲望"。① 权力冲动一方面表现
为具体的对于权力的渴望,另一方面能够通过变形发展成为其
他类型的情感。事实上,尼采认为有机体中所有具体的情感都
从权力冲动中发展而来,它们都是基于权力冲动的变形。在
1888 年的一条笔记中,尼采写道:

> 心理学的统一概念。——我们习惯于认为大量而丰富
> 的形式,来自某个统一的起源。
> [我的理论是:]权力意志是情感的原初形式,所有其他
> 情感都从中发展而来。
> 用权力(Macht)来取代个体"幸福"(幸福被假设为所有
> 生命体的共同追求),具有极大的启示作用:"有一种对权
> 力、对权力增长的追求";快乐只是获得权力感的象征,一种
> 对差别的意识(不存在对快乐的追求;快乐伴随着获得被追
> 求者而产生;快乐是一种伴随状态,而不是动机)。
> 所有的冲动力都是权力意志,除此之外不存在其他物
> 理的、动态的或者心理学的力。②

此外,在《善恶的彼岸》第 23 节中,尼采批评"迄今为止的所
有心理学"仍然"陷于道德偏见和恐惧",并且要求人们把心理学
理解为"形态学""权力意志的发展理论"。他象征性地提出以下
三个权力意志发展理论的例子:"善恶冲动之间的相互依赖性理
论";"所有善冲动都来自于恶冲动的理论";"仇恨(Hass)、妒忌

---

① 参见 KSA 12 1[33]。
② 参见 KSA 13 14[121]。

（Neid）、贪婪（Habsucht）、统治欲（Herrschsucht），是生命的前提性情感，是根本性和本质性地存在于生命整体经济性之中的元素，因此只要生命被增强，它们必须也被增强"。①

在权力意志的所有衍生情感中，包括那些有机体最基本的生理功能。在 1885 年的一条笔记中，尼采主张"把有机体功能重新诠释为最基本的意志，即权力意志——并且把它们理解为［权力意志的］衍生物"。② 其中包括把"获取营养的冲动"当作从权力意志中衍生出来的生理功能，它在有机体中表现为"饥饿"这种本能性的情感。尼采强调，我们"不可能把饥饿当作第一推动力（primum mobile）"，而是应该"把它理解为营养匮乏的结果，也就是说：权力意志无法再进行统治的结果"。③ 它是"权力意志被具体化以后的后期形式，是服务于其他更高统治冲动的劳动分工的表现"。④ 与此类似，尼采也频繁地提及有机体的"生殖"功能，它同样是权力意志的衍生物："当一个意志无法组织被占有的全部物质，另一个对立意志就开始发挥作用，并且承担起分离的工作；在与原初意志的斗争之后，一个新的组织中心［形成］。"⑤ 此外，尼采以相同的方式讨论有机体的"自我保存冲动"，它不能被当作有机体的最根本冲动，因为"自我保存意愿象征着一种困境、一种对于生命基本冲动的限制"，但是"在自然中占据主导的，并不是困境，而是几乎达到荒谬程度的充盈和浪费"。⑥

尽管尼采反对社会达尔文主义者把"饥饿""生殖"或者"自

---

① 参见《善恶的彼岸》，第一章，第 23 节。
② 参见 KSA 13 14[174]。
③ 同上。
④ 参见 KSA 13 11[121]。
⑤ 参见 KSA 12 5[64]。
⑥ 参见《快乐的科学》，第 349 节。

我保存"当作所有自然和文化现象背后的根本动力,但是他更反对传统道德理论家否定一切非利他性冲动的做法。因此在另一些文本中,尼采强调饮食习惯能够对人类精神文化产生重要的影响,例如在《善恶的彼岸》中,他表示"糟糕的厨艺、彻底缺乏理性的厨房,已经最大限度地阻碍和破坏了人性的发展:即使到今天,情况也并没有任何好转"。① 而与有机体生殖功能联系在一起的"性冲动",在许多文本中被尼采当作最具有推动力的情感之一,它能够转化和升华成为其他更复杂、更高级的情感形式,并且是人类获得幸福和未来的可能性条件。② 在性冲动的众多升华可能性中,尼采尤其强调"爱"这种情感。例如他认为"人类的同情和爱从性冲动中发展而来"③,"性冲动升华成为爱(作为激情的爱)"④,等等。以及在 1883—1888 年间的一条笔记中,尼采尝试着提出"性快感"的三种精神化形式,它们分别属于哲学、宗教、艺术领域中的"爱欲":(1)"唯心论",即"创造被爱慕者的形象,放大和升华所有事物";(2)涉及新郎、新娘等形象的关于爱的宗教;(3)艺术中的"装饰"冲动。⑤ 此外,在一条关于艺术起源的笔记中,尼采表示:"美化事物,是大脑系统充满性冲动的特征;另一方面,完美的事物或者作品也会无意识地唤起我们的迷恋状态、我们美化事物的方式……对艺术和美的要求,就是对被传递到大脑的性高潮的间接要求。这个世界通过'爱'而变得完美。"⑥

---

① 参见《善恶的彼岸》,第七章,第 234 节。
② 参见《查拉图斯特拉如是说》,第三部分,"论三种恶"。
③ 参见 KSA 10 24[31]。
④ 参见《善恶的彼岸》,第五章,第 189 节。
⑤ 参见 KSA 12 8[1]。
⑥ 参见 KGW 8/1 8[1]。

经常与性冲动一同出现,被尼采当作最具有推动力因此一方面受到基督教最多诋毁,另一方面在异教中得到肯定的情感,还有统治欲、贪婪、残暴(Grausamkeit)、迷醉(Rausch)、仇恨、妒忌、战争(Krieg)等。① 例如,他认为那些最强烈地肯定人类自身的情感是"性(Geschlechtlichkeit)、贪婪、统治欲、残暴"等,但是"它们周围聚集了禁令(Bann)、仇恨、蔑视(Verachtung)";②那些促使我们美化和诗化事物,直到事物将丰满和喜悦重新反馈给我们的状态是:"性欲(Geschechtstrieb);迷醉、餐食(Mahlzeit)、春天(Frühling);战胜敌人(Sieg über den Feind)、嘲讽(Hohn);精彩表演(Bravourstück);残暴;宗教情感的狂喜(Ekstase des religiösen Gefühls)。"③

在上述基本情感及其变形的基础上,人类的精神性功能和经验才得以发展起来,并且这个过程通常涉及对情感的掌控、对个体缓慢而残酷的训练。例如,在《论道德的谱系》中,尼采描述了人类如何获得记忆的过程:一种"特殊的本能"发现了痛苦是最有效的记忆术,"只有持续造成伤害的事物能够留下记忆";因此"当人们决定为自己保留记忆","血液、折磨、牺牲"从未离席;更具体地说,"个别理念被当作不可消除、无所不在、不可遗忘、'固定'的事物",这些"固定理念"进一步"催眠了整个神经和理性系统"。禁欲主义及其生活方式就是这样一种方法,它把某些"固定理念"从与其他理念的竞争中解放出来,使它们不被遗忘。④

---

① 参见 KSA 13 18[16]。
② 参见 KSA 12 10[57]。
③ 参见 KSA 12 9[102]。
④ 参见《论道德的谱系》,第二章,第 3 节。

此外，意志"首先是一种感情，特别是一种命令的情感"①；"理性"是"不同激情之间的关系系统"②；"科学思考"是对不同"冲动"的协调③；当一种道德用良知的语言发话，它实际上是"情感的符号语言"④；不同形式的艺术活动和经验包含了"情感系统"在具体方向上的表现⑤；将超人与普通人区别开来的"崇高精神"(hohe Geistigkeit)，是"从[普通人的]道德品质中发展出来的最终的伟大结果"，这些道德品质"在分别被习得以后，经过长期的规训和练习，甚至是经过整整几代人的努力，才综合成为崇高精神"，它因此是"正义和严厉的精神化，其中善意的严厉知道如何承担起维持事物之间等级秩序的责任"⑥；此外，社会和文化机构也与我们的情感本性相关，希腊制度正是"从那些防止内部力量相互伤害的保护性措施中发展出来"⑦。

第五节　需求与满足

在前面几节中，我主要讨论了冲动和感情这两个有机体范畴，而在这一节中我们将讨论尼采所使用的"需求"(Bedürfnis)和"满足"(Zufriedenheit，zufrieden)的概念。尼采在早期作品——尤其是《不合时宜的沉思》——中最主要的特征之一，就在于频繁地使用"需求"这个概念，它与"自我满足"的心理状态

①　参见《善恶的彼岸》，第一章，第 19 节。
②　参见 KSA 13 11[310]。
③　参见《快乐的科学》，第三卷，第 113 节。
④　参见《善恶的彼岸》，第五章，第 187 节。
⑤　参见《偶像的黄昏》，"一个不合时宜者的远征者"，第 10 节。
⑥　参见《善恶的彼岸》，第七章，第 219 节。
⑦　参见《偶像的黄昏》，"我欠古人什么"，第 3 节。

形成对立,并且与后者共同决定了人类文化的高度和未来。但是这些概念和主题并没有因为尼采思想的中后期转型而被放弃,相反它们以更成熟的形式出现在《查拉图斯特拉如是说》中。分析尼采对这两个概念的使用方式,能够为我们揭示出尼采心理学理论的其他特征。

第一,尼采对需求的讨论,更直接地向我们表明人类情感的动态变形方式。事实上,他认为我们只需要反复实践某个行为,就能够形成对这个行为的习惯和需求。在此基础上,人类通过实践最基本的人性需求及其满足,可以源源不断地发展出新的需求。例如在《人性的,太人性的》第 611 节中,尼采描述了我们从基本需求中发展出劳作需求、娱乐需求、更高级的哲学需求和艺术需求的过程。他表示我们为了满足特定需求而进行劳作,但是反复劳作使我们产生对劳作本身的需求,正是这种对劳作的需求使我们在停止劳作时感到无聊,它要求我们要么更努力地劳作,要么发明娱乐;而当我们通过反复实践形成对娱乐的习惯和需求,因此在停止娱乐中感到无聊时,有的人"会陷入对于第三种状态的渴望",也就是被艺术家和哲学家称作幸福的"宁静的躁动"。①

在这个分析中,尼采强调"无聊"(Langeweile)实际上是"我们的工作习惯本身,它现在作为一个新的、附加的需求来坚持自身",换言之"无聊"是我们的习惯性行为转变为身体性需求的标志,这个时候只要我们停止特定行为就会自动产生焦躁不安的情绪。因此无聊并不像叔本华所理解的那样,是需求的对立面;相反它是需求的表现形式,是一种不满足。尼采对无聊的全新

---

① 参见《人性的,太人性的》,第九章,第 611 节。

解释,在一定程度上为他后期发展和应用"厌烦"、"恶心"(Ekel)等概念提供了基础,它们全部都暗示了一种新需求的诞生。

第二,与冲动或者情感的概念相比,需求更能体现传统哲学对匮乏状态的定义,它带给人们痛苦的感觉,促使人们采取行动,面临着得不到满足的风险,并且使个体陷入与他人的冲突之中,进而与自私、邪恶等负面道德价值联系一起。与此相对应,希腊哲学家们教导自足和平静,基督教道德学家们则教导利他主义和自我摒弃。尼采的价值重估计划,包含了重新赋予需求、不满足甚至无聊等情感正面的价值。在 1887—1888 年的一条笔记中,尼采写道:

> 诸如饥饿、性冲动、运动冲动等冲动所带来的不满足感,绝不包含任何消极的元素;相反它们的功能在于激起生命的感觉,因为任何微小、痛苦的刺激所产生的节奏都能增强生命的感觉(无论悲观主义者怎么说)。这种不满足感,非但不会使人们对生命感到恶心,相反极大地刺激着生命。①

第三,需求可以通过实践得到暂时的满足和缓解,但是最终它们只会通过实践和满足不断地被强化。因此在讨论悲剧的艺术效果时,尼采反对亚里士多德的观点,即人们通过欣赏悲剧释放自己的恐惧和同情,从而变得冷淡而平静;与此相反,"从长期来看,冲动通过实践和满足会被强化,缓和只是阶段性的"。"因此,当柏拉图说人们通过悲剧变得更加害怕和情绪化,他很可能

---

① 参见 KSA 13 11[76]。

是对的。悲剧诗人或许必然习得一种忧郁沮丧的世界观和一个柔软脆弱的灵魂。"①以及在《人性的,太人性的》中,"伟大的艺术家们相信,通过自己的艺术,他们已经完全占有了一个灵魂并且填满了它;事实总是令他们失望,这个灵魂只是变得更加空旷和无法满足,因此现在十个更伟大的艺术家跳进去仍然无法使它满足"。②

第四,人类的大部分需求都是后天习得的,我们可以通过停止供养它们——换言之停止满足它们——来削弱或者根除它们。这一点主要被尼采应用于对形而上学和宗教的心理分析,例如他把宗教描述为"对内在堕落的叹息和对于救赎的渴望",并且表示:

> 过去由宗教满足、现在由哲学来满足的需要,并不是一成不变的,它们可以被削弱和根除。基督徒对内在堕落的叹息和对救赎的渴望所造成的心智痛苦,全部来自理性的错误,应该被消除而不是被满足。一种哲学既可以被用来满足这些需求,也可以被用来拒绝它们;因为它们是获得性的、有时限的需求,它们所依赖的前提正是科学前提的反面。为了产生这种转变,解除心灵中超载的感情,使用艺术的效果要好得多;因为我们说到的这些概念在艺术中受到供养的程度远低于形而上哲学。③

第五,与冲动或者情感一样,需求可能成为我们的动力,也

---

① 参见《人性的,太人性的》,第四章,第 212 节。
② 同上,第三章,第 123 节。
③ 同上,第一章,第 27 节。

可能成为我们获得自由的障碍。尼采要求我们"凭自己尽可能完整地满足那些必要的需求",而不是"让他人来满足自己尽可能多的需求",因为前者是"通向精神和人格自由的道路",而后者是"对不自由的训练"。①

最后,在说明需求的上述主要特征之后,我将结合《不合时宜的沉思》与《查拉图斯特拉如是说》这两部作品,对其中的需求和满足进行具体讨论。我将说明《不合时宜的沉思》这部作品的主题是"文化"和"庸俗",但是尼采并没有过多地讨论文化和庸俗本身,而是主要通过讨论"文化需求感"和"文化满足感"这两种情感来介入他的文化研究,部分地因为尼采认为正是这两种情感导致了两种截然不同的文化实践和文化结果。因此为了改变当前德国文化的现状,人们也必须从情感上改变对文化的态度,进而改变对文化的实践方式。

但是要从情感上产生变化,首先我们必须保证这些情感是可以被改变的。按照我们对冲动、情感、需求的分析,情感不仅可以变形和升华,它们之间还存在着动态竞争的关系,征服者能够使被征服者成为工具和手段,从而形成一个具有等级秩序的整体;尼采甚至认为,我们只要反复实践特定行为,就能够产生对这个行为的需求。此外,我们还需要保证人们能够通过意识和认知来引导情感产生变化,其中包括理解这两种情感——尤其是它们所包含的价值判断,并对它们进行价值重估。在《不合时宜的沉思》中,"文化需求感"意味着人们对真正文化、真实自我的肯定和追求,"文化满足感"则意味着人们对庸俗文化和虚假自我的满足,因此是对真正文化和真实自我的否定与拒绝。

---

① 参见《人性的,太人性的》,第六章,第318节。

尼采的哲学工作主要在于对这两种情感进行价值重估,不断地肯定和强化人们对真正文化的需求,并且大篇幅地否定和讽刺人们对庸俗文化产生的满足感,从而唤醒人们在理性、情感甚至实践上的认同。

具体在文本上,尼采在《不合时宜的沉思》第一卷开篇中首先描绘了当时德国社会中两种对立的心理状态:一方面,伟大的艺术家们纷纷意识到,现代人无论在公共生活还是私人生活中,都缺乏一种具有风格和创造性的文化,并且为这样一个事实感到恐惧和羞愧;另一方面,在受过教育的德国人中间,却流行着一种前所未有的"自我满足",尤其是在普法战争的影响下,民众普遍认为德国拥有一种真正的文化,并且为此充满了喜悦和胜利的心情。①

在这两种对于德国文化的心理状态中,包含了两种不同的文化概念和标准,它们分别是古典文化概念和现代文化概念。"文化"这个概念最早来自西塞罗的"cultura animi",字面意思是"对灵魂的培养",西塞罗认为灵魂培养——换言之,人性发展——的最高理想是"哲学灵魂"。与此相反,现代"文化"概念不再把"哲学灵魂"或者"人性完善"作为其内涵,而是宽泛地指称"人类生活方式,尤其是特定时期内特定群体的公共习俗和信仰"。② 因此只要存在人类群体,就存在特定的人类文化。

尼采不仅有意识地区分这两种不同的文化概念,而且在很大程度上继承了西塞罗的文化概念,他与西塞罗一样认为文化与人性完善联系在一起。因此在《不合时宜的沉思》第三卷中,

① 参见《不合时宜的沉思》,"施特劳斯,告白者和作家",第 2 节。
② 参见 CED Culture 词条。

他表示"文化是每个个体的自我认识以及自我不满足的孩子"，任何相信文化的人都相信，自己"看到了比自我更高和更具人性的事物"，以及"文化的目标就是促进真正的人类的诞生，此外无他"；真正的文化要求人们以"产生天才"为目标。①此外，尼采在早期思想中单纯把西塞罗式的"哲学灵魂"替换为"哲学家""艺术家""圣徒"这三种人性理想。一直到写作《人性的，太人性的》时，他开始对这上述理想进行大量的反思与批评："禁欲者"及其道德经受了最为猛烈的攻击；形而上学"哲学家"和作为魔术师的"艺术家"也未能幸免。但是这一反思的目的在于塑造更严格的人性理想，尼采进一步提出"自由精神"和"未来哲学家"的概念，并且使查拉图斯特拉徘徊于"哲学家""诗人""预言者"的身份之间。

除此之外，尼采对现代文化概念进行批评的意图也相当明显。在《不合时宜的沉思》第二卷中，他指出：人们把法国人暧昧的"教养"（Gebildetheit）误解为文化（Kultur）本身，但是真正的文化是这种教养的对立面，或者更确切地说，真正的文化意味着个体从群体性的教养、习俗、公众意见中挣脱出来，成为独一无二的自己。

在澄清这两种文化概念及其相互关系以后，我们需要指出的是，尼采写作《不合时宜的沉思》的主要目的之一，就在于剖析并且改变德国文化的现状。为此他把上述两种对立的文化状态还原为两种对立的生理—心理学状态，即文化需求感和文化满足感，并且试图从生理—心理学层面上使人们从文化满足感的状态进入文化需求感的状态，其中主要涉及对"需求感"和"满足

---

① 参见《不合时宜的沉思》，"论历史对于生活的利和弊"，第6节。

感"这两种情感进行价值重估的实验。

在这个实验中,尼采把一直以来被当作"需求"对立面的"自主"(Selbständigkeit)甚至"自由"(Freiheit)状态,重新表述为消极的"自我满足"(Selbstzufriedenheit),它意味着实践的终结和生命的衰颓。与此相反,"需求"或者"欲望"是一种生存的焦虑和羞愧,它是人类进行实践并且完善自身的重要源泉。并且正是文化需求感和文化满足感这两种不同的情感状态,把伟大的艺术家与有教养的民众、文化与野蛮以及卓越个人与公众道德区分开来。

为了引导人们对上述两种情感做出正确的价值判断,尤其是警惕人们内心中的"满足"情感,尼采把学者施特劳斯描述为"一位真正的满足者"(satisfait),并且将其作为标题进行批判。此外,他也使用大量词汇讽刺性地描绘这种"满足感"。其中包括普法战争的胜利被德国民众误解为德国文化的胜利,因此到处洋溢着"满足"(Zufriedenheit)甚至是"喜悦"(Glück)和"狂欢"(Taumel)的情绪,人们感到"文化的种子已经被播撒出去,准备长出叶子,甚至开花结果",因此不再需要"斗争"和"勇气"。"幸福""尊严""自我意识"的情感,首先弥漫着由"德国记者、小说、悲剧、歌曲、历史作品的制作者"所组成的行会,他们控制着现代人的"文化时刻",并且被当作最具权威性的公共意见。此外,知识渊博的德国学者们对此不屑一顾,并且"坚信自己的文化才是这个时代甚至所有时代最成熟和最美丽的果实"。但是尼采认为"狂欢文化"和"学者文化"都属于"庸俗文化"。

与"庸俗文化"相对,尼采把真正的"德国精神"表述为一种"寻找"(suchen)和"渴望"(lechzen)新生命的精神。"过去所有的伟大英雄人物,他们的每一个动作、每一个特征、质问的声音、炙热的眼睛,都只揭示出一种东西:他们是寻找者(dass sie Suchenden waren)",他们坚持不懈地寻找"一种真正的、原初的文化"。纪念这些"寻找者"的方式只有一种,那就是按照他们的精神、带着他们的勇气,继续不知疲倦地寻找,而不是把他们奉为"经典",为他们建立雕像,以他们的姓名命名节日和社群——换言之,打发他们从而避免追随他们。

在此基础上,尼采进一步区分了真正的浪漫派和庸俗的浪漫派,他把真正的浪漫派作品定义为寻找(Suchen)、实验(Experimentiren)、毁灭(Zerstören)、预言(Verheissen)、猜测(Ahnen)、希望(Hoffen)。与此相反,伪浪漫派则用温柔的笔调描绘幸福(Glück)、舒适(Heimlichkeit)、惬意(Behagen)、平凡(Alltäglichkeit)、田园式的健康(bäuerische Gesundheit)、狭隘(Enge、Beschränktheit)、平静(Ungestörtheit)。

我们无法判断尼采在《不合时宜的沉思》中的精神实验是否获得成功,无论如何尼采本人选择在《查拉图斯特拉如是说》中继续推进这一实验。此时他基本上放弃了早期思想中的艺术本体论,并且把思考重心转向价值本体论,但是关于"人性"和"文化"的讨论并没有结束,尼采把"满足"和"需求"这两种心理状态,进一步发展成为"惬意"、"蔑视"(Verachtung)、"恶心",并且将这三种情感状态贯穿于整部作品。更具体地说,为了唤醒人们对真正文化和真实自我的需求,尼采一方面延续和发展了《不合时宜的沉思》中对于"满足感"的批评,把它与基督教道德、"惬意""渺小""末人"等概念联系在一起;另一方面引入"蔑视"和"恶心"的情感,它们作为对人类渺小和惬意的极端否定,能够反过来补充,并且极大地增强人们从"满足于平庸"转变到"渴望伟大"所需要的情感张力。

"惬意"可以被直接翻译为"满足感",尼采在《查拉图斯特拉如是说》中不再限于用这个概念来描述同时代德国学者和德国民众的心理特征,而是进一步用它来描述人类迄今为止绝大多数道德,尤其是欧洲基督教所教导的道德的共同心理特征。例如在序言第3节中,查拉图斯特拉向市场上的民众表明:人们所拥有的"灵魂""幸福""理性""德性""正义""同情",都只不过是"贫困和污秽,一种可怜的惬意(Sie ist Armuth und Schmutz, und ein erbämliches Behagen.)"。① 以及在"论苍白的犯罪者"中,查拉图斯特拉评论善人"拥有他们的德性,只是为了生活得长久而又可怜地惬意"。②

尼采认为人性普遍地追求这种满足感,而普遍就意味着平庸,它首先包含了传统哲学中被当作普遍价值的所有幸福和快乐。其次它也意味着一种相对容易获得的快乐,大多数人都可以凭借努力获得这种满足感,因此它代表着"谦逊"的德性。正如查拉图斯特拉指出,民众"即使在德性中也是谦逊的——因为他们渴望惬意。但是只有谦逊的德性才能与惬意相互适应"。③ 最后,人们对惬意和谦逊德性的追求,决定了他们只能具备"平庸"和"渺小"的人格,尼采强调"关于幸福和德性的教导",将使人类"变得越来越渺小",最终催生出"末人"。

"末人"从字面上理解就是最后的人类,他们无法孕育未来或者后代。与此同时,查拉图斯特拉指出,"末人的类型无法被根除,就像跳蚤一样;末人活得最为长久"。④ 这两种从表面上看

① 参见《查拉图斯特拉如是说》,第一部分,"序言",第3小节。
② 同上,第一部分,"论苍白的犯罪者"。
③ 同上,第三部分,"论使人渺小的德性",第2节。
④ 同上,第一部分,"序言",第5节。

相互矛盾的特征向我们表明,末人代表着一种特定的价值判断方式,他们在肯定自身价值的同时,否定任何其他类型的价值判断方式。末人之所以无法根除,是因为他们追求渺小和谦逊的道德来服务于活得长久而惬意的目标。而末人无法孕育未来和后代,更准确地说是末人无法孕育新的价值判断和生命类型,他们通过实践和肯定自身的价值,谋杀新的价值判断和生命类型。尼采向我们描述了末人可能造成的巨大威胁:"你们将毁于众多渺小的德性、渺小的节制、渺小的顺从! 过于吝啬、过于服从——这就是你们的土壤! 但是一棵树为了长高,就必须将树根插进坚硬的岩石! 甚至你们所弃绝的事物也织起了所有未来人类之网;甚至你们的虚无也是一张蛛网和一只以未来之血为生的蜘蛛。"①

　　正是通过末人的形象,尼采引出对于"蔑视"这种情感的讨论。在序言第5节中,查拉图斯特拉把末人描述为"再也不能蔑视自己"并因此"最应该被蔑视的人"。他们为自己"发明了幸福",但是不知道何为真正的"爱情""创造""渴望""星宇";"不再将渴望之箭瞄向人类之上","不再分娩跳跃之星"。对此,查拉图斯特拉提出一种伟大的生命经验,即"心怀伟大蔑视的时刻"(die Stunde der großen Verachtung):它能够通过超人学说被唤醒,并且在这个时刻中人们对自己的"幸福""理性""德性"感到恶心。② 而在"论最丑陋者"这一节中,尼采以最丑陋者的形象来比喻人类的"困顿""丑陋""喘息","充满了隐蔽的羞愧",并对最丑陋者进行赞颂:查拉图斯特拉"从未发现任何人比他更深切地

―――――――――

① 　参见《查拉图斯特拉如是说》,第三部分,"论使人渺小的德性",第2节。
② 　同上,第一部分,"序言",第5节。

蔑视自己";这种蔑视就是"提升",他"热爱伟大的蔑视者",因为
"人类是某种必须被克服的事物"。①

因此,蔑视之所以伟大,是因为它必须与热爱以及创造联系
在一起。在"论创造者之路"中,查拉图斯特拉表示"孤独者,你
走在热爱者的道路上:你热爱你自己,并且因此蔑视你自己,因
为只有热爱者才能蔑视"。"热爱者因为蔑视而渴望创造! 不必
蔑视自己所爱之物的人,他能知道热爱是什么!"以及在"论热爱
者和伟大的蔑视者"中,"我热爱伟大的蔑视者。人类是某种必
须被克服的事物"。因此蔑视进一步与"自我克服"联系在一起。
并且在"论高人"中,尼采表示"你们这些高人啊,你们蔑视,这使
我心存希望。因为伟大的蔑视者正是伟大的尊敬者"。

除了"惬意"和"蔑视",尼采在《查拉图斯特拉如是说》中使
用了三种恶心的含义,其中第一种由群氓及其永恒回归所造成。
例如在"论群氓"中,他表示:"并非我的仇恨而是我的恶心,饥饿
地蚕食着我的生命! 当我发现即使群氓也拥有智慧,我总是对
精神感到厌倦。我发生了什么? 我如何将自己从恶心中赎回?
谁令我的眼睛重获新生? 我是如何飞到没有群氓坐在井边的高
处? 是我的恶心为我创造了翅膀和预测水质的能力吗?"

而在"论康复者"中,查拉图斯特拉把对群氓及其回归的恶
心,延伸到对所有人类之渺小及其回归的恶心,他表示自己所背
负的十字架不是人类的罪恶,而是人类的"渺小":

> ——"人类永恒轮回! 渺小的人类永恒轮回!"——
> 我曾经看到他们赤裸着身体,最伟大的人类和最渺小

---

① 参见《查拉图斯特拉如是说》,第四部分,"论最丑陋的人类"。

的人类：他们如此相像——即使最伟大的人类，也过于人性了！

最伟大的人也过于渺小！这就是我对人类的厌倦！还有最渺小的永恒回归！——这就是我对所有存在的厌倦！

恶心！恶心！恶心！[1]

第三种恶心由世界的不确定性和偶然性所造成。在"论旧法版和新法版"中，查拉图斯特拉要求信徒们摧毁旧的价值法版："我的兄弟们，当我要求你们摧毁善人以及善人的法版，只有这时我才将人类推向外海。并且只有此时伟大的恐惧（der große Schrecken）、伟大的前景（das große Um-sich-sehn）、伟大的疾病（die große Krankheit）、伟大的恶心（der große Ekel）、伟大的眩晕（die große See-Krankheit）才降临到你们身上。"[2]尼采经常用"大海"来比喻生成世界、人类不断创造事物新秩序的征途；与此相反，过去被当作真理和确定性的事物，都只不过是幻想和谎言，它们是"错误的海岸和错误的安全"。

在这三种用法中，尼采都强调恶心所带来的自我克服的力量。出于相同的原因，部分研究把它等同于尼采频繁使用的另一个形象——"怀孕"，从中能够诞生出克服自身的事物。[3]

---

[1] 参见《查拉图斯特拉如是说》，第三部分，"论康复者"。

[2] 同上，第三部分，"论旧法版和新法版"，第 27 节。

[3] 参见 Gary Shapiro, *Alcyone：Nietzsche on Gifts, Noise, and Women*, New York：SUNY Press, 1991；以及 Kelly Oliver, *Womanizing Nietzsche：Philosophy's relation to the "feminine"*, London：Routledge, 1995。

第七章　主　体

　　关于尼采的主体理论,部分研究者——例如沙赫特——主要强调他否定任何实体性的主体概念。对此,我们可以找到许多文本证据,例如在《善恶的彼岸》中,尼采表示:"认为主语'我'是谓语'思考'的前提条件,这只不过是对事实的歪曲。"[1]以及在《偶像的黄昏》中,尼采认为,"相信'自我',相信作为存在者的自我,相信作为实体的自我,并且把这种对于自我—实体的信念投射到所有事物中",这是"一种粗俗的迷信"。[2]

　　但是尼采在否定实体性主体的同时,也在其他文本中大篇幅地讨论主体性的冲动、情感、本能、欲望,以及它们之间由相互竞争所导致的等级秩序和劳动分工,因此仍然向我们暗示某种关于主体性,甚至主体同一性的理论。在此基础上,另一部分研究者认为尼采主张一种主体捆束理论,即主体实际上是一系列感觉、认知、情感经验,而任何超出这种经验的主体概念都是虚构。例如,罗伯特·莫里森(Robert Morrison)认为"尼采把人格看作不同动态力量的集合,这些力量以及力量集合试图克服所有阻碍,并且积聚更多力量"。[3] 与此类似,考克斯认为"尼采主

---

[1]　参见《善恶的彼岸》,第一章,第 17 节。

[2]　参见《偶像的黄昏》,"哲学中的'理性'",第 5 节。

[3]　参见 Robert Morrison, *Nietzsche and Buddhism*, Oxford University Press, 1997, p. 109。

张主体就是这样一种[由无数行为、事件、结果、表象所组成的]集合"。① 而内哈马斯认为,"通过把行为主体还原为所有行为的总和,尼采再次重申了他的权力意志学说,即要求把世界上所有客体都等同于它作用于其他事物的效果的总和"。②

对于主体捆束理论,我们也可以从尼采那里找到许多文本证据。在《论道德的谱系》第一章中,尼采在反驳实体性主体概念的同时,指出主体实际上就是一系列行为:"在行为、行为结果、行为经历的背后不存在任何'存在者';'行为者'只是事后被添加在行为之上的虚构物——行为就是全部。"③以及在笔记中,他区分了被虚构出来的实体性主体和所有个别行为本身:"'主体'是被创造出来的事物,与所有其他'事物'一样:它是一种简化,其目的在于定义那种进行论断、发明、思考的力量,从而区别于所有个别的论断、发明、思考本身。因此它是一种区别于所有个别性[行为]的能力——从根本上,它是把所有行为集合在一起,进而预测所有可能行为。"④其至"'世界'[也]只是一个词语,它被用来指称所有行为的总和"。⑤ 在另外一些文本中,尼采认为主体就是上述所有主体性行为的集合,因此进一步印证了研究者们关于主体捆束理论的思考。例如在《善恶的彼岸》第 12 节中,他提出一种"主体多重性",一种"由冲动和情感组成的社会结构"。而在 1885 年的一条笔记中,尼采一方面表明构成主

① 参见 Christoph Cox, "The 'Subject' of Nietzsche's Perspectivism", *Journal of the History of Philosophy*, vol. 35, p. 281。

② 参见 Alexander Nehamas, *Nietzsche: Life as Literature*, Cambridge, MA: Harvard University Press, 1985, p. 172。

③ 参见《论道德的谱系》,第一章,第 13 节。

④ 参见 KSA 12 2[152]。

⑤ 参见 KSA 13 14[184]。

体的事物都属于同类,"它们都是感觉、意愿、思考";另一方面描述了它们之间的"主体统一性",实际上就是"那些处于社群之首的统治者们",并且在这个社群中,"统治者依赖于被统治者,它们之间的等级秩序和劳动分工是整体和部分成为可能的前提条件"。①

对尼采主体概念的捆束理论解读,显然有助于我们理解他对实体性主体的批评。但是我们不可能忽视尼采主体概念中超出捆束理论的部分,尤其是权力意志理论在其中起到的作用。事实上尼采自然化的主体概念围绕着权力意志展开,它虽然可以被宽泛地归为某种捆束理论,与此同时它也包含了其他更具体、更关键的规定。接下来我将论述尼采所主张的这种具有动态性、具身性、实践性的主体理论。

第一节　主体结构

根据尼采的作品和笔记,我们可以把他关于主体结构的描述归纳为以下三点。首先,尼采认为不同冲动与情感,换言之感觉、意愿、思考,或者说权力意志的众多具体形式,它们在相互竞争的过程中动态性地形成有机体个体层次上的主体多重性和统一性。因此,任何有机体都不可能某种具有先验的或者绝对稳定的主体,而是经验地、动态地、相对稳定地形成主体统一性。更具体地说,尼采认为有机体主体统一性实际上就是次级冲动及其所主导的等级秩序和劳动分工,它按照主导性冲动的统治状态在时间中增强或者减弱自身,并且完全可能让位于其他次

---

① 参见 KSA 11 40[21]。

级冲动,成为新的主体统一性的部分与功能。这种主体统一性因此并不具备历时同一性,但是它仍然具有相对的稳定性,因此可以被我们经验和综合成为具有历时性的同一人格。正如在1887年的一条笔记中,尼采表示"一个主体的范围处于不断地增长或者缩小的过程,整个系统的中心也会不断地转移;当它无法组织被占有的事物,就会分裂成为两个部分。另一方面,它也能够将其他弱小主体转化成为自身的功能,而不是摧毁它们,因此在某种程度上形成一个新的统一体"。①

其次,那些形成有机体个体层次上主体多重性和统一性的次级冲动与情感,本身又是由更基本的冲动与情感及其动态竞争所形成的主体多重性和统一性。

最后,按照权力意志中的动态性原则,有机体在不同层次上表现出来的经验性和动态性的主体统一性,它们并不预设任何实体,而是从根本上就是有机体在不同层次上表现出来的相对统一的视角、价值判断、实践方式。例如在后期笔记中,尼采表示:

> 我们的需求诠释世界;我们的冲动和它们的肯定与否定。任何冲动都是进行统治的冲动;任何冲动都具有自身的视角,并且试图把自身视角作为规则强加于所有其他冲动。②

① 参见 KSA 12 9[98]。
② 参见 KSA 12 7[60]。

第二节　具身性主体

结合我们在前面章节中关于权力意志生理学、冲动、情感、需求等生理学范畴的讨论,我们可以明确尼采主张一种完全不同于传统哲学,并且比绝大多数当代心灵哲学都更极端的主体概念,即他认为主体并不依赖于或者独属于意识。① 具体地说,尼采主张一种身体主体性,它存在于有机体的所有生命过程和事件中,其中包括在细胞、组织、器官、系统、个体等各个不同层次上的动态过程和生理功能。例如在后期笔记中,他写道:

> 如果我确实拥有某种统一性,它当然不存在于意识中的"我"和[意识中的]感觉、意愿、思考,而是存在于其他地方:在维持、占有、驱逐、审慎对待自身整个有机体中。对此,我的意识自我只是工具。②

他还认为身体和生理学实际上是关于有机体主体性生命的视觉象征,"只要看到或者预测到身体中的运动,我们就学会了判断其中存在着一个主体性的、不可见的生命。运动是眼睛的象征主义;它暗示了某物被感觉、被意愿、被思考"。③

正是由于主体的具身性特征,尼采主张以生理学为代表的

---

① 例如金在权(Jaewon Kim)表示在当代心灵哲学中,"主体性通常被当作意识的本质"。参见 Jaewon Kim, *Philosophy of Mind*, Boulder: Westview Press, 1998, p. 160。

② 参见 KSA 11 34[46]。

③ 参见 KSA 11 40[21]。

有机体自然科学研究，实际上是对于主体性生命的研究本身。而且尼采主张把这种自然科学研究作为认识主体性生命的可靠起点，因为"主体直接质询自身、精神的所有自我反思，都面临着这样一种危险，即错误的自我诠释可能是有益和重要的。这就是为什么我们质询身体，并且拒绝更敏锐的[内]感官证据"。①按照尼采的认识论自然主义立场，我们不可能孤立地主张一种关于主体性生命的权力意志理论，而是要把权力意志看作自然科学，尤其是生理学研究结论的补充。

　　同样由于主体的具身性特征，意识只是这个主体性生命中的极小部分。在《查拉图斯特拉如是说》中，尼采不仅否定传统身心二元论中的心灵实体理论，而且主张"灵魂只是指称身体上某物的词语"，"我就是彻底的身体，此外无他"，②因此对意识问题表现出还原论物理主义的立场。而在另外一些后期笔记中，尼采主张一种关于意识的副现象论物理主义，例如"意识只具有附属作用，它几乎不产生影响，因此是多余的事物，它或许还注定会消失，从而让位于更完美的自发主义"。③而在对意识问题更具体、更细致的分析中，尼采通常表现为功能主义者，他强调意识的工具性，并且主张尽管"意识所牵涉的因果关系，对我们处于完全隐蔽的状态"，但是根据生理学研究和哲学反思，我们可以推测它在有机体中起到的"沟通"作用：意识"在社会交往的过程中，以社会交往为目的发展起来——在这里，'交往'同时包含了外部世界产生的影响和外部世界迫使我们做出的反应；以及我们作用于外部世界的结果。意识不是具有主导性的行为主

---

① 　参见 KSA 11 40[21]。
② 　参见《查拉图斯特拉如是说》，第一部分，"论身体蔑视者"。
③ 　参见 KSA 13 14[144]。

体,而是主导性行为主体的一个器官"。①

尼采在这些文本中并非主张相互矛盾的意识理论,相反,他关于意识的还原主义和副现象主义立场,主要在于反驳心灵论者对意识作用的夸大其词,进而铺垫自己关于意识的功能主义理论。尼采敏锐地意识到自己的意识理论面临着还原论的指控,对此他不无讥讽地指出基督教伦理学才是真正应该受到批评的极端还原论。在1888年的一条笔记中,他表示"道德"意味着"否定所有自然过程,将所有事件还原为道德事件,将道德结果(例如惩罚和奖励)看作所有事件的结果、唯一的动力、所有变化的创造者"。而"道德进步的代价"是"理性的错乱,所有动机都被还原为恐惧和希望(惩罚和奖赏)";"所有理性,所有作为宗教教规前提的审慎、细致、谨慎,后来都被还原为一种纯粹的机械论:服从法律就是目的和最高目的,生命不再拥有任何问题;整个世界都被惩罚的理念污染"。②

最后,尼采关于主体的具身性理论,还向我们表明了他的泛灵论立场。而且与当代心灵哲学家试图复兴泛灵论的意图一样,尼采的泛灵论立场一方面接受物理主义研究结论及其物理因果闭环命题,另一方面仍然试图完善物理主义者所描绘的世界,尤其是为我们的意识经验提供解释的基础。

第三节 实践主体

尼采对主体统一性的自然化构建,最终服务于他对人类主

---

① 参见 KSA 13 11[145]。
② 参见 KSA 13 15[42]。

体性及其实践方式的思考,并且正是这些思考使他成为人类历史上最伟大的心理学家之一。而在所有人类实践中,尼采尤其强调"社群生活"经验所产生的深远影响,尤其是他们从社群生活经验中发展出"致命的"社群性主体,进而导致一系列与此相关的现代精神疾病,为此尼采提出一种作为解药和理想的人类自主性个体。此外,这些主体概念与他对自我规训、自我控制、自我否定、自我认识、自我克服等心理学主题的思考紧密地联系在一起。

在1884年的一系列笔记中,尼采对比性地描述了动物性主体和人类社群性主体,并且指出人类社群性主体的特征在于其中包含了大量相互矛盾的冲动与情感,因此他写道:

> 所有价值判断都基于特定视角:例如保存个体、社群、种族、国家、教会、信仰、文化的视角。——因为我们忘记了价值判断总是基于视角,因此个体身上包含了大量相互矛盾的价值判断、相互矛盾的冲动。这一点表达了人类的疾病状态,与此相反在动物身上,所有本能都对应于相当确定的任务。①

人类之所以拥有大量相互矛盾的冲动与情感,是因为他除了动物性冲动以外,还通过参与各种社群生活形成大量群体性的冲动与情感。尼采实际上认为人类的社群生活经验具有重要的历史意义。他在《论道德的谱系》中把这一经验描述为人类所经历的最为根本的变化:"他发现自己被囚禁于社会与和平的限

---

① 参见 KSA 11 26[119]。

制之下","这些欢快地适应于丛林、战争、漫游生活的半野兽,他们所遭遇的经历无异于海洋动物被迫发展成为陆栖动物或者只能灭亡"。① 而当尼采在不同文本中把人类描述为一种特殊的动物时,他的目的就在于讨论人类通过社群经验习得的、异于其他动物的生命特征。例如在《善恶的彼岸》中,尼采直接把人类称作"畜群动物",他们"善意、病弱、平庸"②,"多面、虚伪、做作并且讳莫如深,通过狡猾和聪慧而不是力量使其他动物感到害怕"③。而在《论道德的谱系》中,尼采表示:"人类最早通过牧师这种危险的类型变成有趣的动物",因为牧师所实践的禁欲主义"使所有事物都变得更加危险,其中不仅包括药物和治疗术,还包括骄傲、复仇、聪慧、堕落、爱、权力欲、德性、疾病"④;"人类比其他动物更加病危、多变、不稳定、不可靠——他是患病的动物。为何如此? 当然他更敢于尝试、创新、挑战命运……这种勇敢而丰富的动物怎么可能不会遭遇最多危险,因此成为所有患病动物中疾病最严重、最长久的动物?"⑤

尤其是在《论道德的谱系》这部作品中,尼采细致地分析了人类通过社群经验发展出社群性主体的过程。他指出社群起源于人际交往,而人际交往的本质在于"买方和卖方、债权人和债务人"之间的"交换关系"。⑥ 在此基础上,"社群与其成员之间的关系也是债权人和债务人之间的关系",社群成员"对社群做出承诺并且承担义务",从而换取社群所提供的"安全与信任";与

① 参见《论道德的谱系》,第二章,第16节。
② 参见《善恶的彼岸》,第三章,第62节。
③ 同上,第九章,第291节。
④ 参见《论道德的谱系》,第一章,第6节。
⑤ 同上,第三章,第13节。
⑥ 同上,第二章,第8节。

此相对应,当成员违反社群要求,就将遭受到社群的惩罚与报复。① 而社群对其成员提出的要求,通常是那些能够服务于社群自我保存和权力增长的价值判断与行为规范,即那些压制人类强大个体性冲动和自然冲动的"畜群美德",诸如:"愧疚、惩罚、正义、诚实、自由、爱";②"服从、互惠、体贴、节制、同情";③"信任、尊敬、真理感、同情、中立和冷静的判断、正直、宽容";④"平和、公正、节制、谦逊、尊敬、周全、勇敢、贞洁、诚实、忠诚、虔诚、直接、信任、献身、同情、乐于助人、尽责、单纯、温和、公正、大方、宽容、服从、中立、不妒忌、高尚、勤勉";⑤等等。尼采进一步指出,这些畜群美德从根本上是:"(1)反对强者和独立者的畜群本能;(2)反对幸运者的痛苦者和劣势者本能;(3)反对卓越者的平庸者本能。"⑥因此他认为畜群美德实际上否定了人类的自然冲动和自然秩序,进而否定了人类的独立性、自主性、个体性、卓越性。

更重要地,尼采指出,人类是通过漫长而恐怖的禁欲手段来习得社群价值和行为规范的:通过使用各种禁欲手段(例如石刑、车轮碾压、木刺、马匹肢解和踩踏、下油锅或者用酒烹、剥皮、胸口切肉、涂蜂蜜放在太阳下炙烤并且供苍蝇叮咬),"人类终于在记忆中留下五六个'我不希望如此行动',并且通过这种方式做出承诺,来获取社群提供的福利"。⑦ 经过反复实践,人类不仅

---

① 参见《论道德的谱系》,第二章,第 9 节。
② 参见 KSA 12 9[121]。
③ 参见 KSA 12 10[188]。
④ 参见 KSA 12 7[6]。
⑤ 参见 KSA 12 9[85]。
⑥ 参见 KSA 12 9[159]。
⑦ 参见《论道德的谱系》,第二章,第 3 节。

习得畜群美德,而且使之成为自身主导性的冲动与视角。

最终,在不同社群经验的作用下,人类习得大量相互矛盾的冲动与情感,尤其是在"秩序解体"和"种族混合"的年代,"一个人会在身体中继承多重血统,换言之,继承相互冲突、竞争、干扰的冲动和价值标准"。① 这个阶段的社群性主体的最典型代表就是 19 世纪的欧洲现代人:他们具有强大的"历史感",换言之,他们具有"对所有事物的本能和品味":在"所有阶层和种族的民主式混合中","过去的所有形式、所有生活方式、所有并列或者竞争的文化,全部辐射到我们这些'现代灵魂'中";②并且由于"我们的本能逃窜到过去的所有角落中",因此"我们自身处于混沌之中"。③

由于这些相互对立的冲动与情感,现代人在大部分时间中都处于混乱和无序的状态。其中一些人会因为混乱而走向失望与崩溃,例如"荷尔德林和克莱斯特",他们"无法忍受所谓的德国文化",受挫于康德哲学对"其存在中'最神圣部分'"的致命否定,并且最终"毁灭于自身的与众不同之处"。④ 绝大多数人则在这个过程中选择了更彻底的自我阉割与自我否定,因为他们"最根本的渴望就在于终止自身所代表的这种斗争":

> 对于他而言,幸福意味着药物和心灵平静,原初的休憩、不被扰乱、满足、最终达成统一、"安息日中的安息

---

① 参见《善恶的彼岸》,第五章,第 200 节。
② 他们能够不断地"装扮成浪漫派、古典派、基督教徒、佛罗伦萨人、巴洛克风格的人或者'国家主义者'"。参见《善恶的彼岸》,第七章,第 223 节。
③ 参见《善恶的彼岸》,第七章,第 224 节。
④ 参见《不合时宜的沉思》,"作为教育家的叔本华",第 3 节。

日"——神圣的修辞学家奥古斯丁就是这么说的,他本身也是这样一种人。①

这种自我阉割还被包装成现代文明中的各种道德风尚,例如尼采认为,现代人的"宽容"实际上是"无法进行肯定和否定",他们的"同情"是"三分之一冷漠、三分之一好奇、三分之一病理性刺激",他们的"客观性"是"缺少人格、缺少意志、'爱无能'",他们的"激情"是"无序和放纵",他们的"深度"是"大量符号之间的混沌状态",等等。②

为了应对人类社群性主体及其铺垫的现代精神危机,尼采呼吁一种具有完全自主性的个体(das souveraine Individuum),并且他认为自主性个体是人类能够从社群性主体中发展出来的最高理想和"最成熟的果实"③。在 1884 年的另一条笔记中,尼采表示自主性主体同时拥有最矛盾的冲动和最强大的自我控制,他写道:

> 与动物形成对比,人类在自身之中培养出了大量对立的冲动与本能:正是因为这种综合,他成为地球的主人……
> 最高人类拥有最复杂的冲动,并且这些冲动具有人类能够承受的最高力量。确实,"人类"这种植物表现得最为强大的地方,是人们总能够找到冲突最为剧烈的本能(例如莎士比亚),只不过这些本能都得到了控制。④

① 参见《不合时宜的沉思》,"作为教育家的叔本华",第 3 节。
② 参见 KSA 12 9[165]。
③ 参见《论道德的谱系》,第二章,第 2 节。
④ 参见 KSA 11 27[59]。

但是自主性个体之所以能够控制大量相互矛盾的冲动,并不是因为他们具有比冲动更强大的理性或者自由意志,而是正如我们前面关于主体统一性所讨论的那样,个别冲动强大到足够统治其他同等强大的冲动,并且使它们成为自身的部分与功能,"一个冲动成为主导者,它的对立面则被削弱、被修整、为主导性冲动提供刺激"。① 另外,"克服情感"并不意味着"削弱和根除它们",而是"运用它们:这也可能意味着使它们服从于一个具有相对持久性的统治秩序(其中包括作为个体、社群、种族的统治秩序)。最终它们重新获得自由:它们像优秀的侍从那样热爱我们,并且愿意前往任何有利于我们的方向"。②

此外,尼采也表示自主性个体能够继承和培养一种自我挑战——换言之自我控制与自我克服的能力,并通过这种能力把冲动及其冲突转化成为刺激物,激发自身更大的生命力量:

> 如果特定天性能够把这种冲突和斗争转化为刺激自身生命的事物,如果他除了最强大和最坚韧的冲动以外,还继承并培养了一种对自身发起挑战的能力和韧劲(换言之,自我控制和自我克服的能力),那么他就会成为令人惊奇、不可思议、不可理解的个体,他是注定会取得成功并且成为诱饵的人性谜语。阿尔西比德斯和恺撒就是这种类型中最精妙的代表。③

而在《论道德的谱系》第二章第 2 节中,尼采表示自主性主体

① 参见 KSA 11 27[59]。
② 参见 KSA 12 1[122]。
③ 同上。

具有强大的意志,并且把这种强大的意志表现为"承诺的特权":

> 他拥有自己独立的、持久的意志,他拥有承诺的特
> 权——他对于自己已经实现并且具身化的上述事物的骄傲
> 意识,闪耀于所有肌肉中的一种真正的权力意识和自由意
> 识,一种人类总体得以完善的感觉。这个人拥有了自由,他
> 现实地拥有承诺的特权。这个拥有自由意志的主人,这个
> 自主者,他怎么可能没有意识到自己对于所有不具备承诺
> 特权者的优越性,以及自己唤醒多少信任、恐惧、尊敬——
> 他"配得上"这三种情感;带着这种自我掌控,他怎么可能没
> 有意识到自己必然被赋予对环境、对自然、对意志短浅和不
> 可信赖者的掌控? 这个"自由"之人,这个拥有持久和强硬
> 意志的人,也拥有他自己的价值尺度……对于责任这一特
> 权的骄傲认识,对于掌控自身和命运的罕见自由与权力的
> 意识,在他身上抵达最深的层次并且成为本能——他的主
> 导性本能。①

在这个段落中,尼采指出自主性个体除了拥有强大意志和
承诺特权之外,还拥有对于自身强大意志和承诺特权的意识,这
种意识同时就是真正的权力意识、自由意识、优越性意识、掌控
意识、责任意识,它能够进一步被具身化为一种主导性的本能。
毫无疑问,意识在自主性个体形成的过程中发挥着不可取代的
作用,但是这种作用并不像传统哲学和伦理学所主张的那样具
有根本性,以至于人类单凭意识表象就能够决定自身的行为与

---

① 参见《论道德的谱系》,第二章,第 2 节。

实践方式。相反,尼采强调在自主性个体形成的过程中,权力意识首先来自强大的权力意志和承诺特权,进而作为表象工具引导这种承诺特权成为个体具身化的主导性本能。因此意识只起到必要但并不充分的作用。这一点再次向我们印证了尼采关于意识的功能主义立场,以及关于主体的认识论物理主义立场。

按照尼采关于意识的功能论立场,意识对于主体实践不具有根本性的因果效用,但是仍然能够发挥一种温和的因果效用,因此具有一种下向因果性①。更具体地说,意识在有机体的自我控制中起到一种自上而下的引导作用,从而影响有机体中不同冲动与情感之间的重新整合。尼采关于意识的现象主义和视角主义理论也向我们表明,意识本身由有机体中占据主导性的冲动和情感所决定,它作为工具服务于这些冲动和情感。

因此,有机体即使没有来自意识状态的下向因果效用,主导性和非主导性冲动仍然能够自发地寻找表达方式,从自身或者自身功能出发来衡量、占有、同化外部世界。而当意识状态下向因果性地作用于冲动和情感,它们能够引导性地促进甚至误导性地阻碍有机体中冲动与情感的自我表达。为此,尼采把冲动和情感看作动力性的原因,而把意识看作引导性的原因,它们能够通过共同作用动态性地实现有机体的自我控制与自我克服。

――――――――――

① 下向因果(downward causation),这个术语由美国社会科学家坎贝尔在 1974 年的论文《生物等级系统中的"下向因果关系"》中首次提出。他认为在一个等级秩序中,低层级的活动受制于并且服从于高层级的活动规则。这个概念的目的在于反驳还原论的主张,后者认为系统或者整体的活动完全由组成系统的各个部分的活动所决定。而按照下向因果原则,整体具有自身的"突现属性",它们不能被还原为部分的属性。参见 T. Campbell, "Downward Causation", in F. Ayala and T. Dobzhansky (eds.), *Studies in the Philosophy of Biology*, Berkeley: University of California Press, 1974, pp. 179-186。

第八章　自然化的人性论

在尼采的全部哲学兴趣中,他所关注的核心问题是"人":人的本质、人的生命、人的可能性。他对其他哲学主题的兴趣和讨论几乎完全围绕着人的问题展开。正如在《善恶的彼岸》中,尼采表示我们必须撕掉形而上学面具来认识"可怕而又根本的人类本性"①,并且指出自己的全部哲学任务就在于"将人性重新解释为自然",尤其是要像今天自然科学家研究自然那样研究人类。

沙赫特恰如其分地把这种关于人性的哲学研究称作"哲学人类学"。在这一哲学任务的基础上,我们能够更准确地定位不同研究者提出的"价值形而上学""权力本体论""视角主义"和"美学主义""道德自然主义"等等,他们分别抓住了尼采人性研究中的特定方向与特定主题。② 在这一章中,我将讨论尼采自然化人性论中涉及的另外两个典型范畴,它们分别是动物和超人、

①　参见《善恶的彼岸》,第七章,第 230 节。

②　参见 Richard Schacht, *Nietzsche: The Arguments of the Philosophers*, New York: Routledge, 1983, pp. 267-278; Martin Heidegger, *Nietzsche*, vols. 1, trans. by David Krell, New York: Harper & Row, 1979, pp. 34-68; John Richardson, *Nietzsche's System*, New York: Oxford University Press, 1996, pp. 18-34; Alexander Nehamas, *Nietzsche: Life as Literature*, Cambridge, MA: Harvard University Press, 1985; Brian Leiter, *Nietzsche on Morality*, New York: Routledge, 2002。

主体生存条件。

第一节　作为动物和超人的人性

尼采在他的作品和笔记中反复地暗示我们，人类不仅是某种进行思考的灵魂，也不仅是某种具有广延的身体，甚至也不单纯是上述两种事物的结合体；相反，人类应该首先被看作一种动物性存在，其次应该被看作一种试图克服自身动物性的存在。例如在《查斯图斯特拉如是说》中，尼采频繁地使用"动物"意象，并且描绘了一种从动物到人类，再到超人的进化过程。查拉图斯特拉对民众说："你们已经从蠕虫进化为人类，但是你们身上仍然保留着大量蠕虫的部分。过去你们是猿猴，即使到现在，人类仍然比任何猿猴都更属于猿猴。"[1]"人类是系在动物和超人之间的绳索——一条悬于深渊之上的绳索；是一种危险的过渡，一种危险的在途中，一种危险的回顾，一种危险的战栗和停顿。"[2]我们不难从中看出19世纪生物进化理论对于尼采的影响，甚至可能得出结论认为尼采是一位物种进化论者，他认同有机体生命经历了从蠕虫、到猿猴、再到人类的进化过程，最终它还将会进化成作为理想物种的超人。

但是这只是将尼采思想简单化和片面化的错误解读。在这一节中，我将说明尼采受到19世纪生物进化理论的深刻影响，并且这些生物进化理论的范围远远超出了达尔文的自然选择和物种进化理论，它们为尼采提出人类个体以及社群层面上的权

---

① 参见《查拉图斯特拉如是说》，第一部分，"序言"，第3节。
② 同上，第4节。

力意志形态学提供了基础：在这一权力意志理论中，尼采不仅强调人类的动物性起源，而且要求人类从他们的动物性起源中获得克服自身的力量。

　　而在这一节的主体部分，我将对《查拉图斯特拉如是说》这部作品中的超人形象进行分析，从而说明超人理论从根本上服务于尼采的权力意志形态学。尼采通过超人形象进行反讽：即使在19世纪自然主义思想背景下，人们依旧通过各种历史进步观念来贬低人类的动物性和身体性，从而辩护传统唯心论和基督教所教导的人类超越性价值。由于这些超越性价值的虚无性，人们对于它们的信念同时包含了对人性的普遍悲观主义和虚无主义态度。① 对此，尼采认为我们必须回到虚无主义的根源上来解决问题，并且通过超人形象对我们提出以下要求：肯定人类的动物性和身体性起源，恢复自然化的人性理论，从而使人类认识、人类道德以及其他全部人类精神文化现象重新成为可

①　尼采在他的文本中频繁使用 Übermensch、Überwältigen、Überwindung 的概念，后面这两个概念主要包含着征服、制服、克服的意思，因此不仅象征着力量，而且表达了权力意志遇到障碍、进而征服障碍的过程，它们与传统超越性道德所塑造的疲惫、软弱和疾病完全相反。但是由于中文学界普遍地将 Übermensch 翻译为超人，部分研究者不恰当地把人类征服和克服的行为也翻译为"超越"，因此很容易与尼采批判的超越性道德混淆。在本书中，我将尽可能地区分征服、克服与超越所代表的两种对立的实践方式，但与此同时不得不保留诸如超人、超野兽这样的概念。

能。① 在此基础上,我也将说明,尼采的超人学说和权力意志形态学因为强调通过回到人类动物性和身体性来实现人类精神、未来、自我克服,所以与他的永恒轮回学说之间并不存在矛盾,相反为他的永恒轮回学说做了铺垫。

在开始分析超人形象之前,我们需要对尼采提出超人理论的生物学和进化论背景做出一些澄清。19世纪的进化生物学绝不等同于达尔文主义,它除了达尔文的自然学者和适者生存理论以外,还包括了斯宾塞的社会进化论②、法国拉马克主义、德国科学家提出的细胞学说和动物形态学,甚至包括孟德尔的遗传理论(在19世纪尚未得到广泛流传)。它们全部都从生物学角度来看待生命,主张生命的某种进化模型,并且在理论上相互竞争和影响,但是它们在研究方法和研究结论上尚未得到统一。尼采主要通过阅读二手文献认识了达尔文的进化论,与此同时了解作为德国传统的细胞学说和动物形态学,甚至了解不同进化理论之间存在着的争议——正如我们在讨论鲁克斯和罗尔夫的生理学理论时表明的那样。尼采将自己放在关于19世纪进化理论和生命科学的哲学讨论大背景中,接受生命科学领域百

---

① 在1887年的一条笔记中,尼采将19世纪描述为"更具有动物性和地下性、更丑陋、更现实和粗俗,并且出于相同原因'更好''更诚实',在任何'现实'面前更顺从、更真实;但是意志软弱、悲伤并且充满黑暗的渴望,更宿命论。不论对'理性'还是对'心灵'都不再充满敬畏和尊重;对欲望的统治深信不疑(叔本华谈论'意志';但是他的哲学最大的特征是不存在任何真正的意愿)。道德也被还原为一种本能('同情')"。显然他在最大程度上肯定这种人性自然主义,除了其中残留下来的形而上学需求,它表现为对于任何理性、心灵和意志的失落与反叛。参见 KSA 12 9[178]。

② 斯宾塞被誉为社会达尔文主义之父,但是他在达尔文发表《物种起源》(1859)之前,就已经在《人口理论》(1852)中提出他的社会进化思想,并且在达尔文提出自然选择和适者生存理论以后,将它们运用到自己的社会理论中。

花齐放的研究形态,并且认为唯心论者和唯物论者关于人类精神的哲学争论已经过时,事实正如绝大多数生命科学家所预设的那样:精神是属于自然世界的一个部分,它只是有机体生命的认识工具。此外,尼采也尝试着将不同的生理学理论应用到自己的哲学计划当中。

在这种思想背景下,我们可以理解尼采认为对于"进化"概念相当宽泛的使用方式是完全合理的,它在很多情况下甚至类似于"生成"和"历史"的概念。另外,由于尼采主张一种关于权力意志的生理—心理学理论,因此他也主要地把"进化"概念应用于他的权力意志理论,换言之关于人类身体性冲动与情感如何形成、竞争、转化的理论。例如在《善恶的彼岸》中,他要求我们"把心理学理解为形态学和权力意志的发展理论",其中包括"善冲动和坏冲动的相互依存理论""所有善冲动都来自恶冲动的理论";"仇恨、妒忌、贪婪、权力欲作为生命的前提性情感,它们根本性和本质性地存在于生命整体中,因此如果要增强生命就必须同时增强这些情感。"① 而在关于人类和超人的讨论中,尼采的思考同样并不受制于任何严格意义上的现代物种进化、自然选择、生物形态学理论,而是把超人与个体和群体的权力意志、身体性冲动、自我克服联系起来。

为了铺垫我们对《查拉图斯特拉如是说》这部作品中超人形象的分析,我们还需要引用尼采在 1888 年写的一条笔记:

> 人是野兽(Unthier)和超野兽(Überthier);高人是非人
> (Unmensch)和超人(Übermensch):它们共同属于一个整

---

① 参见《善恶的彼岸》,第一章,第 23 节。

体。人类每增加一点高度和伟大性,与此同时就增加了一点深度和恐怖性:人们不应该只渴望其一而不取其二——或者说,人们越彻底地渴望其中之一,他就越彻底地实现另一者。①

在这段关于人类和超人的描述中,首先,尼采并没有提及从野兽到人类,再从人类到超人的严格物种进化过程。相反,他只讨论了从人到高人的进步,这种进步是通过人类的自我克服、换言之权力增长来实现的,而不是通过自然选择来实现的。

此外,尼采表示人同时是野兽和超野兽,而高人同时是非人和超人。第一个命题相对容易理解,它表明人性中同时存在着野兽和克服野兽的部分,只不过尼采进一步认为野兽反映了人性中的深度和恐怖性,而超野兽反映了人性中的高度和伟大性,它们实际上代表着同一事物的两张面孔。结合尼采在《善恶的彼岸》中关于"权力意志的发展理论""所有善冲动都来自于恶冲动"的观点,我们可以继续推进这一命题,即人类能够克服野兽的程度,恰好取决于它们能够成为野兽的程度。② 第二个命题建立在第一个命题的基础之上,尼采指出从人类发展成为高人的过程,同时就是从野兽发展成为非人、从超野兽发展成为超人的过程。我们可以从中推断出以下三个关于超人的结论:第一,尼采显然认为人类向上成为超人的过程,同时就是他们向下成为非人的过程;第二,这个双向过程进一步意味着,人类向上成为

---

① 参见 KSA 12 9[154]。
② 参见《善恶的彼岸》,第一章,第 23 节。

超人的程度，取决于他们能够向下成为非人的程度；第三，人类和超人之间并不存在严格的物种进化关系，至少在这段文字中，人类只要发展成为高人，就在一定意义上实现了超人，因此超人单纯意味着"在人类之上"。

从上述两个命题及其分析中，我们可以归纳出两个最重要的观点：第一，从人类发展成为超人，并不遵循达尔文的物种进化或者自然选择理论，而是关乎个体、群体的权力增长和自我克服——换言之，权力意志。第二，人类之所以能够克服野兽，是因为他们拥有野兽的力量；而人类为了成为超人，也必须从他们的非人性中寻找力量。

对超人及其与动物之间关系的诠释离不开《查拉图斯特拉如是说》这部作品。接下来我将通过文本分析说明，上述观点中的权力意志原则和动物性原则，不仅完全适用于尼采在《查拉图斯特拉如是说》中发展起来的超人学说，而且是我们理解这部作品中复杂的形象、比喻、思想的关键所在；在此基础上，这部作品向我们透露了尼采思想中另一个核心主题，即对否定人类动物性和身体性的欧洲超越性价值传统的批评，以及对这一传统所导致的知识领域中普遍的人性虚无主义的改变。

在第一部分序言第 3 节中，查拉图斯特拉来到市场上并试图教导民众关于超人的学说，他说道：

> 我教导你们超人。人类是某种必须被克服的事物。你们做了什么来克服他？
>
> 迄今为止所有生物都创造了高于自身的事物；难道你们想成为伟大洪流的低谷，甚至宁可回归动物也不愿意克服人类吗？

猿猴对于人类而言是什么？一个玩笑和一种令人不快的尴尬。而这正是人类对于超人而言的含义：一个玩笑和一种令人不快的尴尬。

你们已经从蠕虫进化为人类，但是你们身上仍然保留着大量蠕虫的部分。过去你们是猿猴，即使到现在，人类仍然比任何猿猴都更属于猿猴。

你们中间最智慧的人，也只不过是植物和幽灵之间的矛盾和桥索。但是我要求你们成为幽灵或者植物吗？

看着吧，我教导你们超人。

超人是大地的意义。让你们的意志说：超人应该成为大地的意义！

我请求你们，我的兄弟们，忠诚于大地，不要相信那些谈论超宇宙希望的人！他们是配制毒药的人，无论他们自己是否清楚这一点。①

在这几段文字中，查拉图斯特拉看起来完全正面地教导了一种从动物到人类，再从人类到超人的物种进化过程。但是如果我们提前对超人概念有所了解，尤其是对人类必须从他的动物性中获得力量，并通过实践权力意志来克服自身和实现超人的思想有所认识，那么就很容易发现其中的端倪。

在第二段文字中，当查拉图斯特拉提问"难道你们……甚至宁可回归动物也不愿意克服人类吗"，他使用了民众的而不是自己的论述方式。因为正如我们指出的那样，尼采在超人理论中并不主张"回归动物"和"克服人类"是两种对立的行为，相反，他

---

① 参见《查拉图斯特拉如是说》，"序言"，第 3 节。

认为人类克服自身的力量恰好来自他们的动物性。事实上，纵观《查拉图斯特拉如是说》整部作品，尼采对民众的批评也从来不是因为他们回归了某种动物性，而是因为他们否定动物性的冲动和情感，因此"变得原来越渺小"，最终沦落为"末人"。

在第三段中，当查拉图斯特拉表示，猿猴对于人类而言只是"一个玩笑和一种令人不快的尴尬"，同样只有事先了解超人理论的读者才能领会到其中的讽刺意味：查拉图斯特拉刻意地模仿民众的口吻，尤其是其中他们从唯心论和基督教道德继承下来的对动物性生命的蔑视。

到了第四段，查拉图斯特拉表示人类身上"仍然保留着大量蠕虫的部分"，并且"比任何猿猴都更属于猿猴"。这句话同样包含了两种可能的解读方式，即人类身上属于蠕虫和猿猴的部分，按照庸俗进化论的观点是负面的和应该被克服的，但是按照权力意志原则和超人理论则是积极的和应该被肯定的。到此为止，查拉图斯特拉始终没有直接表露自己的真实观点，而是试图用民众的思考方式来反驳和羞辱他们自身。

一直从第五段开始，查拉图斯特拉才以隐蔽的方式透露自己的立场。他指出哲学家教导人们"成为植物或者幽灵"，而他要教导人们"成为超人"，并在接下来的段落中强调"超人是大地的意义"，展开对大地诽谤者和"生命蔑视者"的批评。在关于动物、人类、超人的进化序列的讨论中，尼采看似突兀地谈论起植物和幽灵，紧接着又从植物和幽灵谈论到超人、大地、生命蔑视者，这些概念之间缺少明确的关联性。但是正如我们反复强调地那样，如果我们从一开始就对尼采的权力意志生理学和超人理论有所准备，并且觉察到查拉图斯特拉对庸俗进化论观点持有怀疑甚至嘲讽的态度，那么我们就不会对尼采推进文本和概念的方式感到困惑。这些概念之间的纽带就是"动物",尼采认为人类在其动物性中包含了大地和生命,并且孕育了超人的可能性,尽管他一开始模仿民众对动物的负面评价,甚至在此基础上向他们灌输超人的概念。而他之所以讽刺哲学家向人们教导幽灵或者植物,正是因为哲学家蔑视动物性,教导超越性的、因此虚无的价值观念和实践方式,他们因此是大地的诽谤者和生命的蔑视者。

在接下来的段落中,查拉图斯特拉转向对灵魂和身体的讨论,指责过去灵魂对身体的蔑视。紧接着他又返回到超人主题,并主张通过超人来唤醒人们对幸福、理性、德性的伟大蔑视。这些关于灵魂和身体、超人和德性的论述进一步表明:如果我们不了解超人与动物的关系,那么这些概念对于我们来说就缺少关联性;与此相反,如果我们了解人类实现超人的力量来自他们的动物性,从而把"动物"当作尼采论述超人理论的线索,那么我们就很容易理解这些概念的内在关联性。灵魂对身体的蔑视,同时就是对人类动物性的蔑视,因而是对大地和生命的蔑视,而灵魂及其蔑视所代表的是唯心论和基督教道德中的超越性价值观念。尼采主张通过超人学说来克服它们,尽管他从始至终都没有提及超人的动物性前提,而当他谈论对幸福、理性、德性、正义、同情的伟大蔑视时,也并没有挑明这些概念的超越性含义。

毫无疑问,尼采非常了解同时代生物学和社会学领域中丰富的进化理论,以及这些理论在学者和民众中间产生的广泛影响;与此同时,他也注意到人们在接受生物进化观念的同时,仍然继承了传统唯心论和欧洲基督教所教导的超越性价值,这些超越性价值反过来塑造了他们接受生物进化理论的方式,即对于人类及其动物性特征产生普遍的悲观主义和虚无主义态度。

因此，当查拉图斯特拉试图在市场上教导民众时，他预先设定了自己的谈话和教导对象：他们是那些把基督教价值与生物进化理论混合在一起的欧洲现代人，认为人类是生物进化的顶点，而基督教所教导的超越性道德是人类文明的顶点。查拉图斯特拉并没有直接反驳他们，而是按照他们的思考方式向他们灌输超人的概念，进而引导他们否定和蔑视自身。显然，尼采并不急于坦露自己的全部观点，并且认为在一定程度上运用隐微的写作方式能够更好地达到自己的教育目的。

另外，尼采在整部作品中也有意识地回避了对人类动物性特征的直接肯定，取而代之的是对大地和身体的概念、海洋的比喻、蛇的形象、时间和生成（人类的当下、过去、未来），作为基督教道德对立面的三种恶（性、统治欲、自私）、身体性的情感（蔑视、热爱、恶心、仇恨等）以及代表着身体可能性的丰富多彩的人物形象（预言家、魔术师、最丑陋者、乞丐等）的讨论和肯定。这些概念、范畴、形象全部都从不同的视角和层面上与人类的动物性特征联系在一起。如果我们无法领会尼采在超人理论中对人类动物性的肯定，以及对所有"动物蔑视者"的否定，那么就很难在这部作品丰富的比喻和形象中间获得真正的洞见。

例如在《查拉图斯特拉如是说》序言第 4 节中，查拉图斯特拉表示"人类是系在动物和超人之间的绳索——一条悬于深渊之上绳索"，并在后面的段落中称"我热爱伟大的蔑视者，因为他们是伟大的尊敬者和渴望射向对岸的弓箭"。读者很容易误以为查拉图斯特拉要求我们通过蔑视动物来成为超人，但是他真正要求我们蔑视的并不是动物，而是接下来这个段落中所暗示的人："我热爱那些人，他们并不从星星背后寻找原因来沉落（untergehen）和自我牺牲，相反他们为了大地牺牲自己，因此大地有一天会成为超人的大地。"查拉图斯特拉通过提出他所热爱的类型,暗示我们他所蔑视的是那些"从星星背后寻找原因",并因此否定人类动物性和身体性,拒绝"为了大地牺牲自己"的人。我们不得不承认,绝大多数研究者在解读《查拉图斯特拉如是说》这部作品时,都没有注意到尼采在超人学说中对人类动物性的肯定,因此完全误解了"蔑视"和"恶心"这两种情感的指向对象。①

　　研究者们对超人学说更典型也更致命的误解,是认为它代表了从动物到人类再到超人的线性进步,甚至线性时间的观念,进而误以为超人学说与永恒轮回学说之间产生了矛盾。例如格奥尔格·齐美尔(Georg Simmel)在 1907 年的作品中就主张"超人任务的无限性与宇宙片段的有限性不可能相互兼容","在每个片段中,人性只能被赋予有限的进化形式,它们不断循环往复,但是超人理论要求朝向未来的单线性进化"。② 与此类似,埃里希·海勒(Erich Heller)认为二者代表了一种"逻辑不兼容范式",其中超人学教导我们创造"新的、独特的、无可比拟的事物",而永恒轮回学说教导我们同一事物的永恒回归,因此创造是无意的。③ 在国内影响力更大的劳伦斯·朗佩特甚至认为,

---

① 例如劳伦斯·朗佩特(Laurence Lampert)表示,超人学说"要求线性的时间观念,它意味着时间依赖于那些蔑视过去者的未来成就"。但是尼采在《查拉图斯特拉如是说》这部作品中从来没有提到"蔑视过去",相反他要求"救赎过去"。参见 Laurence Lampert, *Nietzsche's Teaching: An Interpretation of Thus Spoke Zarathustra*, New Haven, London: Yale University Press, 1986, p. 21。

② 参见 Georg Simmel, *Schopenhauer and Nietzsche*, trans. by Helmut Loiskandt et. al., Amherst: University of Mass achusetts Press, 1986, p. 174。

③ 参见 Erich Heller, *The Importance of Nietzsche: Ten Essays*, Chicago: Chicago University Press, 1988, p. 12。

查拉图斯特拉在提出超人学说以后，逐渐抛弃了这个只具有临时性的理论，并用明显更具权威性的永恒轮回学说来取代它，因为他试图克服关于时间的末世理论，尤其是关于人性需要得到救赎的理论。①

　　上述研究者全都注意到了永恒轮回学说否定任何线性的物种进步理论，朗佩特其至敏锐地注意到查拉图斯特拉在教导超人学说时，对自己的真实观点并非无所保留。但是他们全都误解了超人学说的真实含义，尤其是忽视了尼采在超人学说中对人类动物性和身体性的肯定，对唯心论和基督教所教导的超越性价值的蔑视，以及对庸俗物种观念的讽刺。

　　这些研究者主要引用《查拉图斯特拉如是说》第二部分中的"论救赎"来说明查拉图斯特拉从超人学说转向永恒轮回学说的过程。例如朗佩特认为，在第二部分的"论被祝福的岛屿"中，查拉图斯特拉教导信徒"所有上帝和所有永恒的理念都必须被摧毁，因为它们将创造性的意志囚禁在无法被意愿的事物当中"。而在"论救赎"中，查拉图斯特拉"发现了一个更难对付的囚禁意志权力的监狱"，即"无法被意愿也无法被改变的过去同时豁免了意志的当下和未来。未来之事早就已经被注定，因为任何当下都不可能重新开始，它们总是早就已经被确定下来"。查拉图斯特拉再也无法通过创造未来来忍受过去和当下。而"永恒轮回学说作为这个问题的答案出现"，"它既不忏悔过去，也不拒绝过去，更不报复过去；相反，它[教导我们]对全部过去感到欣喜，并如其所是地意愿过去"。甚至"[人类]从复仇中得到救赎的唯

――――――――――

① 参见 Laurence Lampert, *Nietzsche's Teaching：An Interpretation of Thus Spoke Zarathustra*, New Haven, London：Yale University Press, 1986, p. 258。

一方式,是通过创造性的意志看到世界不可改变的程度,并按照事物不可改变和偶然的存在方式来意愿它们的永恒回归"。[①]

朗佩特似乎把永恒轮回这个"最沉重和最黑暗的负担"误解成某种"甜蜜的答案与救赎",并进一步把它误解成"接受世界之不可改变"的理论——换言之,某种"接受世界与人性之决定论"的理论。这显然违背了尼采的哲学思想和意图。毫无疑问,尼采否定超越性的意志与道德,但是这样做的目的恰好在于恢复一种动物性和身体性的、因此真正自然主义式的意志与道德。同样地,永恒轮回学说并不教导我们"世界与人性之不可改变",而是要教导我们"人性中不可改变的动物性与身体性"。与此相对应,永恒轮回学说的沉重与黑暗之处在于,它要求我们真正地热爱人类的动物性与身体性,因为只有真正的热爱才能承受人类动物性与身体性的永恒复归,而这种真正的热爱意味着尽自己最大的力量去救赎过去和创造未来,换言之,成为超人。

在"论救赎"的文本中,查拉图斯特拉首先遇到残疾者和乞讨者,他们要求查拉图斯特拉治愈自己,但是查拉图斯特拉模仿他们的口吻拒绝了他们。朗佩特完全从字面上理解查拉图斯特拉的拒绝理由,即他认为"正是残疾赋予了残疾者价值感",去除他们的残疾就意味着"伤害残疾者","剥夺他们的价值",进而导致他们"对治疗者发泄复仇的情感"。但是查拉图斯特拉拒绝他们的真正原因是,他们的残疾根本就不可能被去除;他们之所以提出这种不可能被实现的要求,是因为他们仇恨自己的身体。因此在这一节的开头,查拉图斯特拉已经通过残疾者的形象,向

[①] 参见 Laurence Lampert, *Nietzsche's Teaching: An Interpretation of Thus Spoke Zarathustra*, pp. 140-150。

我们暗示了他接下来将会分析和批评的那种疯狂的对不可能之物的意愿,它表现为对于过去和生成的仇恨。显然,查拉斯特拉并不认为仇恨身体或者仇恨过去与生成是唯一可能的意愿方式,相反,它们是查拉图斯特拉从始至终都试图克服的那种超越论者的意愿方式。只不过这种注定落空的意愿从对"动物性和身体性"的仇恨,发展成对"过去和生成"的仇恨——我们完全可以把"过去和生成"理解为"动物性和身体性"的精神化、寓言化。① 因此正如我们前面已经暗示的那样,即使在"论救赎"中,查拉图斯特拉也并没有改变自己原初的思想主题,而是为"自我克服"与"自我否定"这两种对立的意愿方式增加了更形而上的讨论视角与维度。

因此,查拉图斯特在描述了意志的复仇精神及其将会导致的对所有意志的摒弃之后,对应地为我们指出一种自然主义的意愿过去和生成的方式:"意志是一个创造者,所有'过去'都是碎片、谜语、可怕的偶然——直到创造性的意志对它说:'但是我意愿它如此! 我将意愿它如此!'"而且早在序言第 3 节查拉图斯特拉开始教导超人学说时,他就已经铺垫了相关的思想:"我热爱那人,他辩护将来者,救赎过去者:因为他渴望毁灭于当前者。"

除了超人学说和《查拉图斯特拉特拉如是说》所教导的人类的动物性,尼采还在其他作品中主张人类对自身动物性的否定代表着他们所经历的最为危险的一场超越论瘟疫,并由此发展

---

① 关于"论救赎"中的精神化和寓言化,查拉图斯特拉提出"意志的复仇精神",并且表示"当[意志的]愚蠢获得精神,它变成对所有人类的诅咒"。此外,他也把意志的复仇笼统地称作"关于疯狂的寓言歌曲",进而要求信徒们按照"意志是创造者"的理论远离它们。

出更丰富的视角与思考。

在《论道德的谱系》中,尼采把人类称作"患病的动物",他表示"人类至今没有从最糟糕和最阴险的疾病中恢复过来",而这种疾病就是他们"对人、对自身的厌恶",它源自人类"强行断绝自己的动物性过去,同时跃入和落入新的生存条件与环境,并对所有古老本能进行宣战"。① 尼采在这部作品中的主要哲学工作,就是描述这种厌恶自身动物性的疾病如何具体地从社会与道德,尤其是从基督教道德中发展起来的。

而在《敌基督》中,尼采表示,人类应该被看作"所有动物中最笨拙、最病态的类型",因为"它们比任何动物都更加危险地偏离了自身的本能"。② 针对这种历史性的疾病,他对我们提出如下要求:

> 我们已经通过所有方式变得越来越谦逊。我们不再从"精神"或者"神性"寻找人类;我们已经将他重新置于动物中间。我们把他当作强壮的动物,因为他是最为狡猾的动物:他的精神性来自于此。另一方面,我们也反对在这方面重新抬头的虚荣心——好像人类一直以来是动物进化中隐藏着的伟大目的。③

在《善恶的彼岸》中,对抗人类疾病进而成为一项哲学任务。尼采要求知识追求者们"把人类重新诠释为自然",此后确保"人类站在自身面前,就像他今天站在自然的其他部分面前那样,在

---

① 参见《论道德的谱系》,第二章,第16节。
② 参见《敌基督》,第14节。
③ 同上。

科学的训练之下,对形而上学捕鸟人的诱惑充耳不闻,'你比这更多,你比这更高,你来自不同的起源!'"。① 尼采把这项哲学任务比喻为"伟大的狩猎"。对于"狩猎热爱者"而言,他"命中注定的狩猎场"就是"人类灵魂和它的界限,迄今为止人类内在经验所达到的范围,这些经验的高度、深度、广度,灵魂的全部历史和它尚未被穷尽的可能性"。②

第二节 作为主体性生存条件的人性

在自然化人性的哲学任务中,尼采频繁地使用"生存条件"的概念,它来自达尔文进化论中的自然选择理论。在这一节中,我将说明尼采的自然化人性论不仅倚重于这个概念,而且延伸了这个概念的含义。尼采不仅用这个概念来指称自然环境因素(例如气候),而且用它来指称社会文化环境因素(例如社群和等级制度),更重要的是用它来指称有机体在与环境互动过程中形成的主体适应性能力,其中包括人类的认识能力和道德能力。

最典型的文本在《论道德的谱系》中。为了分析欧洲现代人,尼采表示在"文明""人性化""进步""民主运动"这些道德和政治术语的背后,真正发生在欧洲人身上的生理学过程是"他们之间的持续同化,他们逐渐脱离条件(例如气候、等级)的限制(Loslösung von den Bedingungen),他们越来越独立于决定性的环境(das bestimmte Milieu)"。因此,这种"克服民族国家的诺曼底类型","从生理学上来说,代表着最高程度的适应技巧和适

---

① 参见《善恶的彼岸》,第七章,第 230 节。
② 同上,第三章,第 45 节。

应能力"。①

尽管尼采完全没有提到达尔文,但是他向我们表明,对欧洲现代人、一般人性的生理学和进化论解释,不能停留在他们的外部生存条件上,而是要提出他们在外部生存条件基础上发展出来的主体性适应能力。正如在一条后期笔记中,尼采批评达尔文过分强调外部生存环境,而完全忽视了有机体的主体适应能力:

> 达尔文对"外部环境"影响的高估已经到了可笑的地步。生命过程中最为本质的东西,正是那种塑造和创造形式的巨大内部力量,它利用和开发"外部环境"——从内部塑造出来的新形式并不依据于某个目的形成;在各个部分的斗争中,一个新的形式很快成为一种局部的有用性,并且按照它的用途,越来越彻底地发展自己。②

在另外一些文本中,尼采进一步把有机体主动性的"适应技巧和适应能力",或者说"塑造和创造形式的内部力量",综合地表述为一种主体性生存条件。它包含了有机体对外部生存条件的感知、适应、利用、开发,因此比进化论者提出的生存条件概念更加完备。通过定义这种主体性生存条件,尼采把所有人类认识现象、道德现象、美学现象全部都解释为有机体的主体生存条件。

例如,在 1887 年的一则笔记中,尼采提出"那些被赞扬的条

---

① 参见《善恶的彼岸》,第八章,第 242 节。

② 参见 KSA 12 7[25]。

件和欲望"（die gelobten Zustände und Begierden），为此他列举的是一连串基督教美德，它们分别是"平和、公正、节制、谦逊、恭敬、周全、勇敢、贞洁、诚实、忠诚、虔诚、直接、信任、献身、同情、主人、有良心、单纯、温和、正直、慷慨、宽容、顺从、无私、不妒忌、高尚、勤勉"。

　　紧接着，尼采区分了三种美德形式，它们分别代表三种主体性生存条件。其中第一种美德是"主导性情感的自然结果"，它因此是一种主动性的主体生存条件。第二种美德反映了"困顿状态"，尼采列举了"公民、奴隶、妇女"三种被动性的主体类型。第三种美德是"社会和畜群实现自我保存与自我提高的必要手段"，基督教美德属于这一种。尼采强调，人们对基督教美德的赞扬实际上是对畜群之必要生存条件的赞扬，而这种畜群生存条件对内要求上述美德的同时，对外表现为"敌对、自私、无情、统治欲、不信任"。①

　　除了我们的道德能力以外，人类主体生存条件也包括我们的认识能力，其中涉及我们的感官、逻辑、理性、价值判断等等：

　　　　我们所有的知识和感觉器官，都是按照生存和成长条件发展出来的。对于理性及其范畴、对于辩证和逻辑价值的信任，按照我们的经验，都只证明了它们对生命的有用性——而不是它们的真理性。②

以及：

---

① 参见 KSA 12 9[85]。
② 参见 KSA 12 9[38]。

> 绝大部分有意识的思考都必须被归结为本能行为,哲
> 学思考尤其如此……甚至在所有逻辑及其专制姿态的背
> 后,也是价值判断,或者更清楚地说,为了保存特定生命类
> 型的生理学条件。①

显然,我们不可能把尼采关于有机体主体生存条件的理论
当作一种严肃的生物进化理论,但是他对达尔文的批评却向我
们揭示出进化论不可能被当作一种严肃的关于有机体的解释理
论,而只能被当作一种关于有机体的描述理论。更重要的是,尼
采把人类精神化现象解释为主体生存条件的做法,能够为我们
思考具身性认知、具身性伦理学、具身性主体提供思想资源。正
如在《论道德的谱系》序言中,尼采表示:

> 我们需要对道德价值进行批判,这些价值的价值应该
> 得到检查——因此我们需要知道这些价值从中生长、发展、
> 变化的条件和环境(道德作为结果、作为象征、作为面具、作
> 为疾病、作为误解,但是道德也作为原因、治疗、刺激、组织、
> 毒品),因为迄今为止,我们既没有相关知识,也根本没有渴
> 望过这种知识。②

---

① 参见《善恶的彼岸》,第一章,第 3 节。
② 参见《论道德的谱系》,序言,第 6 节。

结　语

　　在许多研究者看来,对尼采的科学自然主义诠释几乎是不可接受的,尤其是当他们考虑到后现代主义者对科学及其客观性的批评事实上可以追溯到尼采。而尼采思想中最为核心的权力意志理论,他频繁使用的冲动、情感、需求、命令、服从等一系列典型的主体心灵论范畴,以及他依据这些范畴对人类认识现象和道德现象所展开的全部心理学分析,似乎都使他站在了当代科学自然主义和物理主义的对立面。但是在本书中,我试图证明尼采在他的哲学思考中从未主张一种作为自然科学对立面的后现代主义,相反,他所主张的是一种作为自然科学理论之补充的权力意志本体论和视角主义认识论。[①]

　　为了论证尼采思想中的自然主义,我在本书中主要按照当代自然主义哲学讨论中最普遍的两条线索——本体论自然主义和认识论自然主义——展开。在论证本体论自然主义这个部分,我主张权力意志理论中最为核心的动态性原则和主体性原则分别依据于动态物理学理论和权力斗争生理学理论。这样做

---

① 与此类似,沙赫特张把尼采思想理解为科学自然主义的解药,但是正如我在绪论所讨论的那样,沙赫特由于过于强调尼采思想的解药性质,因此无视了它与自然科学之间的延续性。参见 Richard Schacht, "Nietzsche's Naturalism and Normativity", in C. Janaway and S. Robertson (eds.), *Nietzsche, Naturalism, & Normativity*, Oxford: Oxford University Press, 2012, p. 238.

毫无疑问能够保证论证的逻辑性与清晰性,但是也不可避免地牺牲了尼采思想本身的动态性与系统性。因此在结语部分,我试图重新呈现尼采原初的思想脉络。

在《人性的,太人性的》中,尼采开启了他的自然主义和实证主义思想阶段。从这部作品开始,他不仅自居为接受自然科学理论启蒙的"认识者",积极主张自然科学家所教导的动态物理学理论,以及生理学中关于有机体大脑、神经系统、认识能力的研究结论,而且试图提出一种关于意识的随附性和功能性理论。例如在《查拉图斯特拉如是说》中,尼采写道:"启蒙者与认识者说:我是彻底的身体,此外无他;灵魂只不过是指称身体上某物的语词。"①而在 1888 年的一条笔记中,尼采表示"人类拥有神经系统(而不是'灵魂')这个知识,仍然只是受教育程度最高者的特权"。② 在 1888 年的另一条笔记中,尼采表示:"我们完全没有理由把有机体的组织性和系统性归功于它的精神。神经系统的整个领域远远超出了精神;意识世界只不过被添加在上面。意识在有机体的全部适应性和系统性活动中完全不具有任何作用。"③在这些文本中,尼采并非试图科普自然科学知识,或者致力于自然科学研究;相反,他试图批评人们尚未将自然科学结论应用于对意识现象的研究中,其中包括道德现象、宗教现象、认识现象、社会和政治现象等,因此使这些领域的研究仍然处于"前科学"的形而上学迷信状态。为了展开对这些领域,尤其是对认识现象和道德现象的自然化研究,尼采的哲学工作部分在于讨论意识对于有机体而言的随附性与功能性,例如他指出,意

① 参见《查拉图斯特拉如是说》,"身体的蔑视者"。
② 参见 KSA 13 14[179]。
③ 参见 KSA 13 14[144]。

识从属于"神经和大脑的装置"①;作为一种"镜面式的自我反观"②,它与人类的沟通需求和社群生活联系在一起;意识因此是一种"沟通工具"③、一种"符号和社群标志"④、一种"引导性"的而非"主导性"的力量。而意识对于有机体而言的随附性与功能性,更重要的是意味着意识对于有机体权力意志而言的随附性与功能性。尼采提出的有机体权力意志理论,一方面依据于 19世纪主流进化理论中的生存斗争理论和生命意志理论,另一方面又试图克服这些理论对"生存"和"繁衍"的过度倚重与诠释。他认为,比起生存斗争,权力斗争不仅能够更好地解释自然现象,而且能够更好地摆脱目的论指控。

　　在意识对于有机体权力意志而言的随附性与功能性观点的基础上,尼采哲学中另一个更加重要的部分显现出来,即他试图推翻传统哲学家对人类认识现象和道德现象的心灵论分析,并提出对这些现象的具身性和历史性的分析。正是在这个自然主义框架之下,尼采展开了对自然科学研究本身的反思。我们可以把这种反思以问题的形式呈现出来,即:意识对于有机体而言的随附性和功能性理论是否反过来挑战了自然科学研究及其结论的客观性与可靠性? 是否因此使所有自然科学家、自然主义者,甚至尼采本人,都站在了自身立场的对立面上? 对于第一个问题,尼采的回答是肯定的;而对于第二个问题,尼采的回答是否定的。

　　主张意识对于有机体而言的随附性与功能性,就意味着主

① 　参见 KSA 11 37[4]。

② 　参见《快乐的科学》,黄明嘉译,华东师范大学出版社,2007 年,第五卷,第 354 节。

③ 　参见 KSA 13 11[145]。

④ 　参见《快乐的科学》,第五卷,第 354 节。

张我们的感觉经验、我们依据于感觉经验的全部自然科学认识也只具有对于有机体而言的随附性与功能性。正如在 1888 年的笔记中,尼采描述了疼痛这种感觉所涉及的复杂得多的生理学基础:"人并不依据疼痛作出[生理]反应。疼痛事后才被投射到我们受到创伤的部位——我们关于特定部位的疼痛感觉,并不等同于或者从属于我们这个部位的创伤;它只是一个位置—符号,对应于我们通过神经中枢接收到的关于创伤力度和强度的信息。"①在其他作品和众多笔记中,尼采进一步指出自然科学理论建立在我们并不完全可靠的感觉经验的基础之上。例如在 1888 年的另一条笔记中,尼采表示"机械论中的'运动'概念已经是一种翻译,它按照视觉和触觉的符号语言翻译了原初的事件本身。'原子'的概念,对'力的居所与力本身的区分',这些都是来自我们逻辑学—心理学世界的符号语言"。② 另外在《善恶的彼岸》中,尼采指出:"现在大概有五六个头脑开始意识到,物理学也只是一种对世界的诠释和安排(它依据于我们自身! 如果我可以说的话),而不是对世界的解释。"③如果我们注意文本之间的联系,尼采并非单纯地批评和否定自然科学,相反他所传递的是,我们关于有机体及其认识功能的生理学研究结论应该被更加彻底地应用到我们的认识论和自然科学反思当中,并应对这一反思带给我们的认识论挑战。同样在《善恶的彼岸》中,尼采指出自然科学家们一方面按照感觉经验来构造世界,另一方面却将这些感觉经验完全排除在他们的世界图景之外,由此提出了一种虚妄的客观性要求:"为了心安理得地研究生理学,我

① 参见 KSA 13 14[173]。
② 参见 KSA 13 14[122]。
③ 参见《善恶的彼岸》,第一章,第 14 节。

们必须坚持感官不是唯心论哲学所主张那种的现象:因为倘若如此它们就不可能是原因……但是其他人说外部世界是我们感官的结果? 如果事实如此,我们的身体作为外部世界的一部分也将是我们感官的结果! 因此我们的感官本身也就是我们感官的结果!"①在这段文字中,"其他人"所指的正是自然科学家及其所主张的有机体神经系统理论,按照这一生理学理论,我们的意识及其内容对于有机体而言只具有随附性和功能性;尼采强调,这个自然科学结论反过来挑战了我们的生理学研究本身。

但是我们是否要因为尼采用自然科学结论来反思自然科学研究本身,就主张尼采是一位后现代主义者,并且主张他站在科学自然主义和物理主义的对立面上? 答案是否定的。

首先,尼采对自然科学及其客观性的批评——正如我们指出的那样——建立在自然科学结论,尤其是意识随附性和功能性结论的基础上,他只是把这个结论应用到我们的认识论领域当中,并且展开了对自然科学本身的反思。

其次,尼采对自然科学及其客观性的批评并不在于推翻或者取消所有的自然科学研究方法与研究结论,而在于通过提出一种主体性的权力意志理论来补充和完善我们的自然科学理论,其中包括在本体论上主张作为自然世界之内在属性的权力意志,以及在认识论上主张"情感视角理论"②。正如在另一时期的笔记中,尼采表示:"自然科学家通过'力'这个概念创造了上帝和世界,但是这个概念仍然需要得到补充:一个内在的意志应该被赋予它,我把这个内在意志命名为'权力意志'。"③为此,他

① 参见《善恶的彼岸》,第一章,第 15 节。
② 参见 KSA 12 9[8]。
③ 参见 KSA 12 36[31]。

甚至在不同笔记中提出了一些有趣的论证,例如:

> 以下论述只得到我们表明上的经验支持:在某个实体
> (大脑)中,感觉通过被传递的运动(刺激)产生。但是"产
> 生"? 这是否证明感觉根本不存在? 因此是否它的显现应
> 该被看作运动所做出的创造性行为? 认为这个实体具有无
> 感觉的状态,这只是一个假说! 它并没有被经验到!"①

在 1885 年的笔记中,尼采要求把"身体和生理学"作为认识起点,而不是把主体性自我反思作为认识起点,因为"主体自我质询和精神自我反思的危险在于,错误的自我诠释对于实践而言可能是有用和重要的。为什么我们质询身体,并且拒绝更敏锐的感官证词? 因为我们想看看低级部分能否自行与我们进入对话"。② 正是在生理学观察、实验、理论的基础上,尼采认为我们可以"判断其中存在着一个主体性的、不可见的生命",它就是权力意志、冲动、需求、"情感、意愿、思考"。③ 这些文本全部都向我们说明,尽管权力意志及其主体属性依据于我们的内感官经验,但是尼采要求我们把它们理解为外感官经验及其研究结论的本体论和认识论补充。

如果权力意志被理解为我们的内感官经验、换言之传统心灵论范畴,那么尼采就遭到了最为彻底的误解。以 1888 年的笔记为例,尼采指出,他所提出的具身性的思考行为、感觉行为、意愿行为,不仅不能被等同于内感官经验和心灵论范畴,而且应该

---

① 参见 KSA 11 24[10]。
② 参见 KSA 11 40[21]。
③ 同上。

被理解为内感官经验和心灵论范畴的反面："我们意识到的所有
事物都是末端现象，一个末尾——它们并不引发任何结果；意识
中所有连续相继的现象都具有彻底的原子性——为此，我们试
图按照相反的方式来理解世界——好像除了思考、感觉、意愿以
外不存在任何真实且有效的事物。"①

　　再次，尼采添加在自然科学理论之上、作为世界内在属性的
权力意志理论，完全可以类比于当代心灵哲学家在物理主义和
物理因果闭环理论背景下试图复兴的罗素中立一元论立场，②它
不仅能够满足物理主义所要求的物理因果闭环，而且能够为我
们解决"意识之谜"提供基础。

　　最后，尼采对科学客观性的批评和他所主张的情感视角认
识论，换言之他的功能论、进化论、生理学认识论，尽管为整个法
国后现代主义思想做了铺垫，预言了库恩的历史主义和费耶阿
本德的无政府主义科学哲学理论，但是却从事实上更加接近于
奎因的自然主义和实用主义认识论。正如后者在《经验主义的
两个教条》中表明，我们完全可以在肯定自然科学理论的同时，
从认识论立场上主张这些理论的实用主义或者功能主义起源：
"作为一名经验主义者，我继续把科学的概念范式理解为我们按
照过去经验来预测未来经验的工具。物理客体作为概念工具被
引入到这一情境之中——它们不是依据于经验的定义，而是在

————————

①　参见 KSA 13 14[152]。

②　参见 Torin Alter and Yujin Nagasawa，"What is Russellian Monism"，*Journal
of Consciousness Studies*，2012(9-10)，pp. 67-95；以及 David Chalmers，*The
Conscious Mind：In Search of a Fundamental Theory*，New York：Oxford
University Press，1996。

认识论上可以类比于荷马神祇的基本假说。"①

　　在我们国内,同济大学的赫尔穆特·海特教授和上海社会
科学院的韩王韦博士也积极地加入到对尼采自然主义思想的讨
论与研究当中。在《尼采为什么是一位自然主义者》这篇论文
中,韩王韦认为莱特对尼采自然主义的"科学化",以及沙赫特对
尼采自然主义的"大众化","都忽视了尼采思想中不可通约的神
秘主义元素"。② 与二人相反,他主张尼采的科学"绝不是追求经
验实证的自然科学或科学哲学,而是以康德的严格现象论为基
础,糅合了语文学、心理学、生理学的现代成果和方法,并且具有
一定神秘主义倾向的科学。这是尼采为自己量身打造的科学。
也就是说,这种科学只属于尼采自己"。③ 具体而言,在尼采的哲
学理论中,"尼采用'权力意志'(力与力、意志与意志的争斗)来
表述自然的变化;用'永恒轮回'来表述自然的确定性(必然性)。
权力意志是'一切变化的最终根据和特征',而'永恒轮回'则是
'宿命论'的'最极端形式'"。④

　　但是正如我反复强调地那样,主张尼采"把现代科学囊括到
他的自然思想里去理解和把握"⑤,或者主张尼采具备"丰富而复
杂的科学知识"(scientifically informed and sophisticated)⑥, 又

---

① 参见 W. V. O. Quine, "Two Dogmas of Empiricism", *Philosophical Review*,
　　1951(1), p. 41。

② 参见韩王韦:《尼采为什么是一位自然主义者》,自然辩证法研究,2018(6),第
　　88 页。

③ 同上。

④ 同上,第 90 页。

⑤ 同上。

⑥ 参见 Richard Schacht, "Nietzsche's Naturalism and Normativity", in C.
　　Janaway and S. Robertson(eds.), *Nietzsche*, *Naturalism*, & *Normativity*,
　　Oxford: Oxford University Press, 2012, p. 237。

或者主张尼采"接受自然主义的方式顶多算是丰富的知识涉猎与应用"①，都可以被解读为很强的科学自然主义立场，即尼采把自然科学结论当作我们认识的最终权威，无论我们如何神秘主义地谈论权力意志和永恒轮回，它们都不可能、也不应该违背先进的自然科学结论。

此外，我也认为权力意志理论中的动态性原则和主体性原则可以分别追溯到博斯科维奇的动态物理学理论和19世纪德国生物学家提出的有机体斗争理论与同化理论。而尼采对科学及其客观性的批评依据于生理学关于人类大脑、神经系统、认识能力的研究结论，因此，可以被理解为一种进化论、功能论、生理学认识论相比于被当作一种后现代主义理论，它更应该被类比为奎因的自然主义和实用主义认识论。此外，尼采思想中似乎完全不同于科学哲学或者自然主义哲学的具身性主体理论，我认为应该被理解为尼采对自然科学理论的本体论与认识论补充，并且可以类比于心灵哲学家在物理主义背景下对意识问题的研究。在本书的最后一章中，我还试图以一种去神秘化的方式讨论尼采的超人学说，并主张"超人概念"代表了尼采对19世纪人们所主张的历史进步理论的嘲讽，因为这些理论反映了人们在认识领域和道德领域中仍然保留着对形而上学的迷信。而尼采的超人概念与"动物""身体""大地""生成""过去"联系在一起，因为只有它们才能孕育人类的高度与未来。

尽管在对尼采与自然科学的关系的认识上，我并不完全认同韩王韦博士，但是我认为他在《自然与德性：尼采伦理学思想

① Helmut Heit, "Naturalizing Perspectives. On the Epistemology of Nietzsche's 'Experimental Naturalizations'", *Nietzsche Studien*, 2016(45), p. 72.

研究》这本书中对德性自然主义的讨论,为我们研究尼采思想提供了许多新颖并且重要的观点与思路。[①] 而且我认为,对尼采思想的自然主义研究绝不代表着一种科学教条主义,相反,它要求我们尽可能地将尼采的哲学思考与哲学实验去教条化、经验论化。

由于篇幅的限制,我在本书中主要为尼采思想中的本体论和认识论自然主义立场做辩护。但是尼采在 19 世纪自然主义背景下对身心问题、对意识及其功能、对具身性认识和道德的思考,使他成为当代物理主义语境下心灵哲学问题的参与者和对话者。因此,我认为我们应该更加系统和深入地探讨尼采关于身心关系的功能主义立场,他关于意识的随附性和实用性观点,他关于人类认识和道德的具身性、嵌入性、延展性、生成性理论,以及他可以类比于罗素中立一元论的本体论。尽管在尼采研究学界中,对尼采思想的自然主义和心灵哲学诠释仍然受到排斥,但是这一诠释任务的重要性已经从一系列最新的尼采研究作品中显现出来。[②]

---

① 参见韩王韦:《自然与德性:尼采伦理思想研究》,中国社会科学出版社,2020 年。

② 参见 *Nietzsche on Mind and Nature*, ed. by M. Dries and P. J. E. Kail, New York: Oxford University Press, 2015;以及 *Nietzsche on consciousness and the embodied mind*, ed. by M. Dries, Berlin: De Gruyter, 2018 等。

参考文献

1. 尼采德文原著

［1］Nietzsche，F. *Kritische Studienausgabe in 15 Bänden*（KSA），hrsg. von Giorgio Colli und Mazzino Montinari，Berlin：de Gruyter，1988.

［2］Nietzsche，F. *Kritische Gesamtausgabe*（KGW），hrsg. von Giorgio Colli und Mazzino Montinari，Berlin：de Gruyter，1967- now.

2. 尼采中文译本

［1］尼采：《不合时宜的沉思》，李秋零译，商务印书馆，1994 年。

［2］尼采：《人性的，太人性的》，魏育青、李晶浩、高天忻译，华东师范大学出版社，2008 年。

［3］尼采：《朝霞》，田立年译，华东师范大学出版社，2007 年。

［4］尼采：《快乐的科学》，黄明嘉译，华东师范大学出版社，2007 年。

［5］尼采：《尼采著作全集(第 4 卷)：查拉图斯特拉如是说》，孙周兴译，商务印书馆，2010 年。

[6] 尼采:《尼采著作全集(第 5 卷):善恶的彼岸·论道德的谱系》,赵千帆译,商务印书馆,2020 年。

[7] 尼采:《尼采著作全集(第 6 卷):瓦格纳事件·偶像的黄昏·敌基督者·瞧,这个人·狄俄尼索斯颂歌·尼采反瓦格纳》,孙周兴、李超杰、余明峰译,商务印书馆,2015 年。

[8] 尼采:《尼采著作全集(第 12 卷):1885－1887 年遗稿》,孙周兴译,商务印书馆,2010 年。

[9] 尼采:《尼采著作全集(第 13 卷):1887－1889 年遗稿》,孙周兴译,商务印书馆,2010 年。

3. 其他中文文献

[1] 埃里克·坎德尔、李恒威、武锐:《新心智科学与知识的未来》,新疆师范大学学报(哲学社会科学版),2018(1):7-24。

[2] 安德里亚斯·乌尔斯·索梅尔、韩王韦:《尼采对达尔文的认同与敌对》,清华西方哲学研究,2020(1):140-159。

[3] 盖伦·斯特劳森、李恒威、蔡诗灵:《意识神话》,哲学分析,2020(2):123-136。

[4] 杰拉尔德·埃德尔曼、李恒威、王梦颖:《自然化意识:一个理论框架》,洛阳师范学院学报,2018(9):5-11。

[5] 海勒:《尼采:自由精神的导师》,杨恒达译,漓江出版社,2018 年。

[6] 韩王韦:《"回归自然"——论尼采的道德自然主义》,江苏社会科学,2016(6):23-30。

[7] 韩王韦:《尼采自然主义德性观探析》,道德与文明,2017(3):147-152。

[8] 韩王韦:《尼采为什么是一位自然主义者》,自然辩证法,

2018(6)：86-91。

　　[9] 韩王韦：《自然与进化：尼采思想中正义的三种表现形态》，国外社会科学前沿，2019(12)：30-40。

　　[10] 韩王韦：《自然与德性：尼采伦理思想研究》，中国社会科学出版社，2020 年。

　　[11] 韩王韦：《尼采与 19 世纪达尔文主义》，自然辩证法研究，2021(1)：53-59。

　　[12] 赫尔穆特·海特、余明锋：《尼采对西方科学的文化批判》，同济大学学报(社会科学版)，2017(1)：12-21。

　　[13] 赫尔穆特·海特、李英伟：《尼采的自然主义、自由和文化超越》，哲学分析，2018(3)：17-31。

　　[14] 赫尔穆特·海特、韩王韦：《自然化视角：论尼采的实验性自然化的知识论》，现代外国哲学，2020(2)：34-58。

　　[15] 洪博、杜晓燕：《身体解放与伦理实现：对尼采"身体"的省思》，中国高校社会科学，2020(6)：9-19。

　　[16] 劳伦斯·朗佩特：《尼采与现时代：解读培根、笛卡儿、尼采》，刘小枫编，李致远译，华夏出版社，2009。

　　[17] 伯纳德·雷金斯特：《肯定生命：尼采论克服虚无主义》，汪希达、施玉刚等译，华东师范大学出版社，2020。

　　[18] 李恒威、肖家燕：《认知的具身观》，自然辩证法通讯，2006(1)：29-34。

　　[19] 李恒威、黄华新：《"第二代认知科学"的认知观》，哲学研究，2006(6)：92-99。

　　[20] 李恒威：《自我、具身性与经验世界》，心智与计算，2008(3)：230-243。

　　[21] 李恒威：《生成认知：基本观念和主题》，自然辩证法通

讯,2009(2):27-31。

[22]李恒威:《意识、觉知与反思》,哲学研究,2011(4):95-102。

[23]李恒威:《意识的内涵与外延》,洛阳师范学院学报,2017 (7):3-4。

[24]李恒威:《意识:此处,彼处和处处?》,新疆师范大学学报(哲学社会科学版),2018(3):129-150。

[25]林志猛:《尼采的悲剧世界观》,浙江学刊,2019(3):166-173。

[26]刘小枫、林志猛:《尼采论现代学者》,华东师范大学出版社,2019 年。

[27]马丁·海德格尔:《尼采》,孙周兴译,商务印书馆,2002 年。

[28]迈尔·亨里希:《何为尼采的扎拉图斯特拉?——一场哲学争辩》,余明峰译,华夏出版社,2019。

[29]亚历山大·内哈马斯:《尼采:生命之为文学》,郝苑译,浙江大学出版社,2016。

[30]庞学铨、王俊:《重视当代德语哲学的译介与研究》,浙江学刊,2014(2):48-51。

[31]盛晓明、李恒威:《情境认知》,科学学研究,2007(5):806-811。

[32]埃里克·斯坦哈特:《尼采》,朱晖译,清华大学出版社,2019。

[33]斯特劳斯:《哲人的自然与道德》,曹聪译,华东师范大学出版社,2017。

[34]斯特劳斯:《尼采如何克服历史主义》,马勇译,华东师

范大学出版社,2019。

[35] 孙周兴:《永恒在瞬间中存在——论尼采永恒轮回学说的实存论意义》,同济大学学报(社会科学版),2014(5):1-9。

[36] 孙周兴:《尼采的科学批判——兼论尼采的现象学》,世界哲学,2016(2):50-60。

[37] 孙周兴:《未来哲学序曲:尼采与后形而上学》,商务印书馆,2018年。

[38] 孙周兴:《末人、超人与未来人》,哲学研究,2019(2):107-117。

[39] 孙周兴:《谁是尼采的超人》,书城,2019(4):16-24。

[40] 孙周兴、赵千帆:《尼采与启蒙:在中国与在德国》,商务印书馆,2020。

[41] 孙周兴:《当代哲学的处境与任务》,探索与争鸣,2020(6):33-42。

[42] 孙周兴:《圆性时间与实性空间》,学术界,2020(7):97-108。

[43] 王俊:《现象学与自然主义的形而上学之争》,中国社会科学报,2012(11):A05。

[44] 王俊:《意义从何而来?——从胡塞尔现象学视野质疑神经自然主义的意义观》,复旦学报(社会科学版),2014(6):28-33。

[45] 王俊:《生活艺术哲学家尼采》,尼采透视,黄国钜编,台北:五南出版公司,2017年,第103-116页。

[46] 王俊:《从现象学到生活艺术哲学》,浙江大学学报(人文社会科学版),2018(1):231-240。

[47] 王俊:《从"现象学"到"现象行"(phänopraxie)——对

当代现象学实践化转向的一个新解读》,华中科技大学学报(社会科学版),2018(5):1-7。

[48] 汪民安,陈永国:《尼采的幽灵:西方后现代语境中的尼采》,社会科学文献出版社,2001年。

[49] 沃林:《非理性的诱惑:从尼采到后现代知识分子》,阎纪宇译,上海社会科学院出版社,2017年。

[50] 吴增定:《从现象学到谱系学——尼采哲学的两重面向》,哲学研究,2017(9):90-97。

[51] 吴增定:《没有主体的主体性——理解尼采后期哲学的一种新尝试》,哲学研究,2019(5):103-110。

[52] 徐向东:《休谟主义、欲望与实践承诺》,自然辩证法通讯,2015(2):9-18。

[53] 徐向东:《欲望的本质和休谟式的动机》,道德与文明,2015(5):66-72。

[54] 杨大春:《从法国哲学看身体在现代性进程中的命运》,浙江学刊,2004(5):33-39。

[55] 杨大春:《意识哲学的终结与唯物主义的时代——重构20世纪西方哲学的整体图景》,学海,2007(5):75-82。

[56] 杨大春:《从身体现象学到泛身体哲学》,社会科学战线,2010(7):24-30。

[57] 杨大春:《身体的神秘:法国现象学的一个独特维度》,学术月刊,2010(10):35-38。

[58] 杨大春:《观念主义、精神主义、物质主义与精神的命运》,社会科学战线,2013(1):50-55。

[59] 杨大春:《现象性与物性》,哲学研究,2013(11):56-64。

[60] 杨大春:《现象学与自然主义》,哲学研究,2014(10):

66-73。

[61] 应奇、张钟萄：《实用主义反对经验主义：以普特南与威廉斯之争为例》，西南民族大学学报（人文社科版），2020（5）：51-55。

[62] 赵敦华：《哲学的"进化论转向"——再论西方哲学的危机和出路》，哲学研究，2003（7）：58-65。

[63] 赵敦华：《重估尼采哲学.中国高校社会科学》，2013（4）：51-67。

4. 其他外文文献

[1] Abel，G. *Nietzsche：Die Dynamik der Willen zur Macht und die ewige Wiederkehr*，Berlin：Walter de Gruyter，1998.

[2] Acampora，C. D. "Naturalism and Nietzsche's Moral Psychology," in Keith Ansell-Pearson (ed.), *A Companion to Nietzsche*，Oxford：Blackwell，2006，pp. 314-33.

[3] Acampora，D. C. "Nietzsche and Embodied Cognition"，in M. Dries (ed.), *Nietzsche on consciousness and the embodied mind*，Berlin：De Gruyter，2018，pp. 17-48.

[4] Alter，T. and Yujin Nagasawa. "What is Russellian Monism"，*Journal of Consciousness Studies*，2012（9-10）：67-95.

[5] Anderson，R. L. "Sensualism and Unconscious Representations in Nietzsche's Account of Knowledge"，*International Studies in Philosophy*，2002（3）：95-117.

[6] Anderson，R. L. "What is a Nietzschean Self?" in

Christopher Janaway and Simon Robertson (eds.), *Nietzsche, Naturalism, and Normativity*, Oxford: Oxford University Press, 2012, pp. 202-235.

[7] Armstrong, D. M. "The Casual Theory of the Mind", in David J. Chalmers (ed.), *Philosophy of Mind: Classical and Contemporary Readings*, New York: Oxford University Press, 2002, pp. 80-87.

[8] Bechtel, W. *Discovering Cell Mechanisms: The Creation of Modern Cell Biology*, Cambridge: Cambridge University Press, 2006.

[9] Boscovich, R. J. *A Theory of Natural Philosophy*, Cambridge, Mass.: MIT Press, 1966.

[10] Brobjer, T. "Nietzsche's Reading and Private Library, 1885-1889", *Journal of the History of Ideas*, 1997 (4): 663-680.

[11] Brobjer, T. "Nietzsche's Reading and Knowledge of Natural Science: An Overview", In G. Moore, and T. Brobjer (eds.), *Nietzsche and Science*, Aldershot: Ashgate, 2004, pp. 21-50.

[12] Brobjer, T. *Nietzsche's Philosophical Context: An Intellectual Biography*, Urbana: University of Illinois Press, 2008.

[13] Brobjer, T. "Nietzsche's Last View of Science", in H. Heit, G. Abel, and M. Brusotti (eds.), *Nietzsches Wissenschaftsphilosophie*, Berlin: De Gruyter, 2012, pp. 39-53.

[14] Brown, R. S. G. "Nietzsche: 'That Profound Physiologist'", in G. Moore and T. Brobjer (eds.), *Nietzsche and Science*, Aldershot: Ashgate, 2004, pp. 51-70.

[15] Chalmers, D. *The Conscious Mind: In Search of a Fundamental Theory*, New York: Oxford University Press, 1996.

[16] Clark, M. *Nietzsche on Truth and Philosophy*, New York: Cambridge University Press, 1990.

[17] Clark, M. and D. Dudrick. "Nietzsche's Post-Positivism", *European Journal of Philosophy*, 2009 (3): 369-285.

[18] Clark, M. and D. Dudrick. *The Soul of Nietzsche's Beyond Good and Evil*, New York: Cambridge University Press, 2012.

[19] Clark, M. "Nietzsche was No Lamarckian", *Journal of Nietzsche Studies*, 2013 (2): 282-296.

[20] Cox, C. *Nietzsche: Naturalism and Interpretation*, Berkeley: University of California Press, 1999.

[21] Cruz, M. "Nietzsche and the Nineteenth-Century Debate on Teleology", in Vanessa Lemm (ed.), *Nietzsche and the Becoming of Life*, New York: Fordham University Press, 2014, pp. 67-81.

[22] Darwin, C. *On the Origin of Species*, London: Signet, 2003.

[23] Devitt, M. *Realism and Truth*, Oxford: Blackwell, 1991.

[24] Dries M. "The Feeling of Doing - Nietzsche on Agent Causation", *Nietzscheforschung*, 2013 (1): 235-247.

[25] Dries M. "Freedom, Resistance, Agency", in P. Kail and M. Dries (eds.), *Nietzsche on Mind and Nature*, New York: Oxford University Press, 2015, pp. 142-162.

[26] Emden C. *Nietzsche on Language, Consciousness, and the Body*, Urbana, IL: University of Illinois Press, 2005.

[27] Emden C. "Nietzsche, Kant and Teleology", in N. Boyle and K. Ameriks (eds.), *The Impact of Idealism: The Legacy of Post-Kantian German Thought*, Cambridge: Cambridge University Press, 2013, pp. 166-190.

[28] Emden C. "Metaphor, Perception and Consciousness: Nietzsche on Rhetoric and Neurophysiology", in T. Brobjer and G. Moore (eds.), *Nietzsche and Science*, Abingdon, Oxon: Routledge, 2016, pp. 91-110.

[29] Fogelin, R. "Aspects of Quine's Naturalized Epistemology", in *The Cambridge Companion to Quine*, New York: Cambridge University Press, 2004, pp. 38-39.

[30] Forber, P. "Biological Inheritance and Cultural Evolution in Nietzsche's Genealogy", *Journal of Nietzsche Studies*, 2013 (2): 329-341.

[31] Foucault, M. *The Order of Things: An Archaeology of the Human Sciences*, trans. by A. Sheridan, London: Tavistock, 1970.

[32] Friedman, M. "Regulative and Constitutive", *Southern Journal of Philosophy*, 1991 (30): 73-102.

［33］Friedman, M. "Causal Laws and the Foundations of Science", in P. Guyer (ed.), *The Cambridge Companion to Kant*, Cambridge: Cambridge University Press, 1992, pp. 161-99.

［34］Friedman, M. "Philosophical Naturalism", *Proceedings and Addresses of the American Philosophical Association*, 1997(2): 7-21.

［35］Gallagher, S. *How the Body Shapes the Mind*, New York: Oxford University Press, 2005.

［36］Gemes, K. "Postmodernism's Use and Abuse of Nietzsche", *Philosophy and Phenomenological Research*, 2001 (2): 327-360.

［37］Gemes, K. and C. Janaway. "Naturalism and Value in Nietzsche", *Philosophy and Phenomenological Research*, 2005(3): 729-740.

［38］Gemes, K. "Nietzsche on Free Will, Autonomy, and the Sovereign Individual", in K. Gemes and S. May (eds.), *Nietzsche on Freedom and Autonomy*, Oxford: Oxford University Press, 2009, pp. 33-49.

［39］Gerhardt, V. *Vom Willen zur Macht: Anthropologie und Metaphysik der Macht am exemplarischen Fall Friedrich Nietzsches*, Berlin: Walter de Gruyter, 1996.

［40］Hales, S. and R. Welshon. *Nietzche's Perspectivism*, Urbana, IL: University of Illinois Press, 2000.

［41］Heidegger, M. *Nietzsche*, trans. by D. F. Krell, New York: Harper & Row, 1979-1987.

［42］ Heller, H. *The Importance of Nietzsche: Ten Essays*, Chicago: Chicago University Press, 1988.

［43］ Heit, H. "Naturalizing Perspectives: On the Epistemology of Nietzsche's 'Experimental Naturalizations'", *Nietzsche Studien*, 2016 (1): 56-80.

［44］ Heit, H. "Becoming Reasonable Bodies: Nietzsche and Paul Churchland's Philosophy of Mind", in M. Dries (ed.), *Nietzsche on consciousness and the embodied mind*, Berlin: De Gruyter, 2018, pp. 71-92.

［45］ Hussain, N. J. Z. "Reading Nietzsche through Ernst Mach", in G. Moore and T. Brobjer (eds.), *Nietzsche and Science*, Aldershot: Ashgate Publishing, 2004, pp. 111-129.

［46］ Hussain, N. J. Z. "Nietzsche's Positivism", *European Journal of Philosophy*, 2004 (3): 326-368.

［47］ Ibanez-Noe, J. "Nietzsche and the Problem of Teleology", *International Studies in Philosophy*, 1997 (3): 37-48.

［48］ Janaway C. *Beyond Selflessness*, Oxford: Oxford University Press, 2007.

［49］ Janaway, C. "Autonomy, Affect, and the Self in Nietzsche's Project of Genealogy", in K. Gemes, and S. May (eds.), *Nietzsche on Freedom and Autonomy*, New York: Oxford University Press, 2009.

［50］ Johnson, D. *Nietzsche's Anti-Darwinism*, New York: Cambridge University Press, 2010.

［51］Johnson，D. "Reassessing the Nietzsche-Darwin Relationship"，*Journal of Nietzsche Studies*，2013（2）：342-353.

［52］Kail，P. "Nietzsche and Hume：Naturalism and Explanation"，*Journal of Nietzsche Studies*，2009，37：5-22.

［53］Kant，I. *Critique of Pure Reason*，trans. by N. K. Smith，New York：St. Martin's Press，1933.

［54］Katsafanas，P. "Nietzsche's Theory of Mind：Consciousness and Conceptualization"，*European Journal of Philosophy*，2005（1）：1-31.

［55］Katsfanas，P. "Nietzsche's Philosophical Psychology"，in K. Gemes and J. Richardson（eds.），*Oxford Handbook of Nietzsche*，New York：Oxford University Press，2013，pp. 727-755.

［56］Katsafanas，P. "Nietzsche on the Nature of the Unconscious"，*Inquiry：An Interdisciplinary Journal of Philosophy*，2015（3）：327-352.

［57］Kaufmann，W. *Nietzsche：Philosopher，Psychologist，Antichrist*，4th edition，New York：Princeton University Press，1975.

［58］Keating，J. C.（2002），"The Meanings of Innate"，in *Journal of the Canadian Chiropractic Association*，2001（1）：4-10.

［59］Kim，J. *Supervenience and Mind*，New York：Cambridge University Press，1993.

［60］Kim，J. *Philosophy of Mind*，Boulder：Westview

Press, 1996.

[61] Kim, J. *Mind in a Physical World*, Cambridge, MA: MIT Press, 1998.

[62] Kim, J. "Making Sense of Emergence", *Philosophical Studies*, 1999, 95: 3-36.

[63] Koons, R. C. "The Incompatibility of Naturalism and Scientific Realism", in W. L. Craig and J. Moreland (eds.), *Naturalism: A Critical Analysis*, London: Routledge, 2000, pp. 49-63.

[64] Lampert, L. *Nietzsche's Teaching: An Interpretation of Thus Spoke Zarathustra*, New Haven, London: Yale University Press, 1986.

[65] Lampert, L. *Nietzsche and Modern Times: A Study of Bacon, Descartes, and Nietzsche*, New Haven: Yale University Press, 1995.

[66] Lampert, L. "Nietzsche's New Darwinism", *Review of Metaphysics*, 2006 (1): 173-175.

[67] Lange, F. A. *Geschichte des Materialismus und Kritik seiner Bedeutung in der Gegenwart*, Iserlohn: Baedeker, 1866.

[68] Leiter, B. *Nietzsche on Morality*, New York: Routledge, 2002.

[69] Leiter, B. "Nietzsche's Theory of the Will", in K. Gemes, and S. May (eds.), *Nietzsche on Freedom and Autonomy*, New York: Oxford University Press, 2009, pp. 107-126.

［70］Leiter，B. "Nietzsche's Naturalism Reconsidered"，in K. Gemes and J. Richardson (eds.)，*The Oxford Handbook of Nietzsche*，Oxford：Oxford University Press，2013，pp. 576-598.

［71］Lyotard，J. F. *The Postmodern Condition：A Report on Knowledge*，trans. by G. Bennington and B. Massumi，Minneapolis：University of Minnesota Press，1984.

［72］Malthus，T. R. *An Essay on the Principle of Population，or a View of Its Past and Present Effects on Human Happiness，with an Inquiry into our Prospects Respecting the Future Removal of Mitigation of the Evils which it Occasions*，4th ed. ，London：Johnson，1807.

［73］Mayr，E. *The Growth of Biological Thought*，Cambridge：Harvard University Press，1982.

［74］Moore，G. *Nietzsche，Biology and Metaphor*，New York：Cambridge University Press，2002.

［75］Moore，G. "Nietzsche，Medicine and Meteorology"，in G. Moore，and T. Brobjer (eds.)，*Nietzsche and Science*，Aldershot：Ashgate，2004，pp. 71-90.

［76］Moore，G. "Nietzsche and Evolutionary Theory"，in K. Ansell-Pearson (ed.)，*A Companion to Nietzsche*，Oxford：Blackwell，2006，pp. 517-531.

［77］Müller-Lauter，W. 1978. "Der Organismus als Innerer Kampf. Der Einfluss von Willhelm Roux und Friedrich Nietzsche"，*Nietzsche-Studien*，1978(1)：189-235.

［78］Müller-Lauter，W. *Nietzsche：His Philosophy of*

Contradictions and the Contradictions of His Philosophy, trans. by D. J. Parent, Urbana, IL: University of Illinois Press, 1999.

[79] Nagel, T. *The View from Nowhere*, New York: Oxford University Press, 1989.

[80] Nehamas, A. *Nietzsche: Life as Literature*, Cambridge, MA: Harvard University Press, 1985.

[81] Oppenheim, P. and H. Putnam. "The Unity of Science as a Working Hypothesis", in H. Feigl, M. Scriven, and G. Maxwell (eds.), *Minnesota Studies in the Philosophy of Science*, vol. 2, Minneapolis: Minnesota University Press, 1958, pp. 3-36.

[82] Papineau. D. *Philosophical Naturalism*, New York: Oxford University Press, 1993.

[83] Pippin, R. B. *Nietzsche, Psychology, and First Philosophy*, Chicago, IL: University of Chicago Press, 2010.

[84] Poellner, P. *Nietzsche and Metaphysics*, New York: Oxford University Press, 1995.

[85] Poellner, P. "Affect, Value and Objectivity", in B. Leiter and N. Sinhababu (eds.), *Nietzsche and Morality*, New York: Oxford University Press, 2007, pp. 227-261.

[86] Putnam, H. "The Content and Appeal of 'Naturalism'", in M. Caro and D. Macarthur (eds.), *Naturalism in Question*, Cambridge, MA: Harvard University Press, 2004, pp. 59-70.

[87] Quine, W. V. O. "Two Dogmas of Empiricism", in

From a Logical Point of View, Cambridge, MA: Harvard University Press, 1953, pp. 20-46.

[88] Quine, W. V. O. *Word and Object*, Cambridge, MA: MIT Press, 1960.

[89] Quine, W. V. O. "Epistemology Naturalized", in *Ontological Relativity and Other Essays*, New York: Columbia University Press, 1969, pp. 69-90.

[90] Quine, W. V. O. "Structure and Nature", *Journal of Philosophy*, 1992, 89: 5-9.

[91] Raftapoulos, A. *Cognition and Perception: How do Psychology and Neural Science Inform Philosophy?* Cambridge, MA: MIT Press, 2009.

[92] Reynolds, J. A. "Embodiment and Emergence: Navigating an Epistemic and Metaphysical Dilemma", *Journal of Transcendental Philosophy*, 2020(1): 1-25.

[93] Riccardi, M. "Nietzsche's Sensualism", *European Journal of Philosophy*, 2013 (2): 219-257.

[94] Riccardi, M. "Inner Opacity. Nietzsche on Introspection and Agency", *Inquiry: An Interdisciplinary Journal of Philosophy*, 2015 (3): 221-243.

[95] Riccardi, M. "Virtuous Homunculi: Nietzsche on the Order of Drives", *Inquiry: An Interdisciplinary Journal of Philosophy*, 2018 (1): 21-41.

[96] Riccardi, M. "Nietzsche on the Superficiality of Consciousness", in M. Dries (ed.), *Nietzsche on consciousness and the embodied mind*, Berlin: De Gruyter, 2018, pp.

93-112.

[97] Richardson, J. *Nietzsche's System*, New York: Oxford University Press, 1996.

[98] Richardson, J. *Nietzsche's New Darwinism*, New York: Oxford University Press, 2004.

[99] Robertson, S. and David O. "Nietzsche's Influence on Analytic Philosophy", in K. Gemes and J. Richardson (eds.), *The Oxford Handbook of Nietzsche*, Oxford: Oxford University Press, 2013, pp. 185-206.

[100] Rosciglione, C. "A Non-Reductionist Physioligism: Nietzsche on Body, Mind, and Consciousness", *Prolegomena*, 2013 (1): 43-60.

[101] Rosenthal, D. "A Theory of Consciousness", in N. Block, N. Flanagan, and G. Güzeldere (eds.), *The Nature of Consciousness*, Cambridge, MA: MIT.

[102] Rosenthal, D. "Explaining Consciousness", in D. Chalmers (ed.), *Philosophy of Mind: Classical and Contemporary Readings*, NY: Oxford University Press, 2002, pp. 406-421.

[103] Salaquarda, J. "Nietzsche und Lange", *Nietzsche-Studien*, 1978 (1): 230-260.

[104] Schacht, R. *Nietzsche: The Arguments of the Philosophers*, NY: Routledge, 1983.

[105] Schacht, R. "Nietzsche's Naturalism", *Journal of Nietzsche Studies*, 2012 (2): 185-212.

[106] Schacht, R. "Nietzsche's Naturalism and

Normativity", in C. Janaway and S. Robertson (eds.), *Nietzsche, Naturalism, & Normativity*, Oxford: Oxford University, 2012, pp. 236-257.

[107] Schacht, R. "Nietzsche and Lamarckism", *Journal of Nietzsche Studies*, 2013 (2): 264-281.

[108] Small, R. "We Sensualists", in B. Babich and R. Cohen (eds.), *Nietzsche, Epistemology, and Philosophy of Science*, vol. 2, Dordrecht: Kluwer, 1999, pp. 73-89.

[109] Smith, C. U. M. "Friedrich Nietzsche's Biological Epistemics", *Journal of Social and Biological Structures*, 1986, 9: 375-388.

[110] Simmel G. *Schopenhauer and Nietzsche*, trans. by H. Loiskandt et. al. , Amherst: University of Massachusetts Press, 1986.

[111] Skinner, B. *Beyond Freedom and Dignity*, New York: Knopf, 1971.

[112] Stack, G. *Lange and Nietzsche*, Berlin: De Gruyter, 1983.

[113] Stephan, A. " Varieties of Emergentism ", *Evolution and Cognition*, 1999, 5: 49-59.

[114] Strawson, P. F. *Skepticism and Naturalism: Some Varieties*, New York: Columbia University Press, 1985.

[115] Strevens, M. "How are the Sciences of Complex Systems Possible?" *Philosophy of Science*, 2005, 72: 531-556.

[116] Ulfers F. and M. Cohen. "Nietzsche's Panpsychism

as the Equation of Mind and Matter", in M. Dries (ed.), *Nietzsche on consciousness and the embodied mind*, Berlin: De Gruyter, 2018, pp. 145-162.

[117] Welshon, R. *The Philosophy of Nietzsche*, Chesham: Acumen, 2004.

[118] Welshon, R. *Philosophy, Neuroscience, and Consciousness*, Chesham: Acumen, 2011.

[119] Welshon, R. *Nietzsche's Dynamic Metapsychology*, Houndmills, Basingstoke, Hampshire: Palgrave Macmilla, 2014.

[120] Weindling, P. "Theories of the Cell State in Germany", in C. Webster (ed.), *Biology, Medicine and Society* 1840-1940, Cambridge: Cambridge University Press, 1981, p. 99-155.

[121] Whitlock, G. "Roger Boscovich, Benedict de Spinoza and Friedrich Nietzsche: The Untold Story", *Nietzsche-Studien*, 1996 (1): 200-220.

[122] Whitlock, G. "Examining Nietzsche's 'Time Atom Theory' Fragment From 1873", *Nietzsche-Studien*, 1997 (1): 350-360.

[123] Zahavi, D. *Subjectivity and Selfhood: Investigating the First-Person Perspective*, Cambridge, MA: MIT Press, 2008.